ARMORIAL GÉNÉRAL

DU

DÉPARTEMENT DE L'AUDE.

CHARLES D'HOZIER.

ARMORIAL GÉNÉRAL

DES

PERSONNES, DOMAINES, COMPAGNIES, CORPS ET COMMUNAUTÉS

(CIRCONSCRIPTION ACTUELLE DE L'AUDE).

EXTRAIT de l'*Armorial général* (manuscrit), dressé en vertu de l'Édit de 1696, et déposé à la Bibliothèque nationale.

Par A. C.-P.

CARCASSONNE,
DE L'IMPRIMERIE DE FRANÇOIS POMIÈS, RUE DE LA MAIRIE, N° 50.

1876.

AVANT-PROPOS.

Si la science du paléographe lui permet de déchiffrer les vieux monuments écrits ou gravés qui nous racontent l'histoire, les mœurs et les institutions de nos pères ; si la sigillographie doit être étudiée par tous ceux qui s'occupent de diplomatique, attirer l'attention de l'Historien par ses légendes, et celle de l'antiquaire par les nombreux détails matériels qu'on y trouve gravés, le blason ou art héraldique est également une mine féconde et sûre pour les travaux historiques ; et si beaucoup regardent aujourd'hui la recherche des armoiries comme un acte de vaniteuse puérilité, nous la croyons, pour notre part, œuvre de science historique, et sans parler de l'utilité qu'elle peut avoir pour nous aider à retrouver, sur les points les plus variés, les diverses racines d'une même souche, les branches éparses d'un même arbre ; à reconnaître les nôtres, si éloignés, si perdus de vue qu'ils soient ou aient été depuis longtemps, nous dirons que la science du blason est chose indispensable à l'historien comme à l'antiquaire, dont elle éclaire si souvent les recherches ardues, auxquels elle apporte si fréquemment les solutions les plus heureuses, les preuves les plus inattendues. Gravées ou sculptées sur une maison, elles nous disent quel propriétaire l'a construite ou habitée ; dans une église, qui l'a fondée, qui en a été le bienfaiteur, qui y a été enseveli ; sur une pierre tombale, qui a vécu parmi nous ; sur un monument public, qui l'a doté ou construit, en l'honneur de qui a pu être érigé ce monument ; que sait-on encore ? Et tous ces signes, tous ces indices, que le temps a plus ou moins respecté, expliquent à l'historien, au paléographe, à l'antiquaire, bien des faits dont les recherches les plus patientes n'avaient pu leur donner l'explication.

Si donc, il nous est permis de nous moquer parfois du vaniteux orgueil de ce parvenu qui étale sur les panneaux de sa voiture de splendides et inénarrables armoiries, qui veut nous faire croire que ses ancêtres sont logés dans les caveaux de Saint-Denis, quand de leur vivant ils abritaient tout bêtement leur tête sous l'enseigne criarde et rouillée de leur cabaret; si nous pouvons rire doucement de l'inoffensive manie d'un archéologue qui cherche à nous rappeler, par son exemple, qu'autrefois les armoiries n'étaient que des emblèmes adoptés pour personnifier une famille, une communauté civile ou religieuse; qu'elles n'étaient pas expressément un signe de noblesse, et que, sur les sceaux des simples particuliers, quelle que fut leur position sociale, il y avait un emblème soumis aux règles héraldiques; nous devons nous incliner, avec un légitime orgueil, devant les armoiries des familles qui, de tout temps, ont versé leur sang pour la France, consacré leur fortune et leur intelligence à sa gloire et à sa grandeur, et nous rappeler aussi qu'au lieu d'abaisser tout ce qui est grand, de chercher à avilir les noms llustres qui font notre gloire, il est bon de relever le culte des grands hommes et celui des hommes utiles, d'honorer enfin le passé si nous voulons que l'avenir nous honore.

Mais, nous n'avons point à faire ici un traité de noblesse ou de nobilité, et le domaine de la science historique doit en ce moment rester le nôtre, puisque nous ne voulons dans le recueil qui suit cet Avant-propos, que faire connaître à l'historien de nos contrées les emblèmes qui distinguaient, autrefois, nos villes et nos corporations, et qui rappelaient bien souvent la profession ou le nom de nos pères, qu'ils fussent nobles ou roturiers, qu'ils fussent d'épée, de robe ou d'église, qu'ils fussent commerçants ou laboureurs.

Si les plus grandes et illustres maisons de France, si les nobles d'ancien estoc, comme ceux de provenance douteuse, trouvent leurs armoriaux et leurs généalogies racontées tout au long dans les immenses et splendides recueils du Père Anselme, de d'Hozier, de La Chesnaye-Desbois et de tant d'autres héraldistes, les armes plus modestes et si souvent écrites sur nos monuments, sur

nos maisons, si riches pour notre histoire, armes qui appartenaient à nos provinces, bourgs, terres de dignité, compagnies,
corps et communautés, comme elles appartenaient, à une foule de
bourgeois, de moines, de paysans même, de roturiers, de commerçants; ces armes là sont rarement décrites, et lorsqu'on les
voit gravées sur la pierre ou le marbre, on y cherche en vain le
nom du maître; le livre qui l'apprendrait au chercheur n'a pas
été fait; D'Hozier seul, lorsqu'il a dressé l'*Armorial général de
1696*, a pu recenser de nombreuses armoiries de domaines, de
corporations et de personnes roturières; il en a dressé le recueil
officiel, qui se compose de 54 registres ou volumes in-fol. de texte
et de 55 volumes contenant les armoiries coloriées : il embrasse
toute la France et présente une liste de 60,000 noms.

C'est dans ce travail, entièrement inédit, que nous avons re-
cherché, non point les noms et armes des grandes maisons, dont
la notoriété se croyait au-dessus de tout contrôle, et qui, pour la
pluspart, avaient refusé de soumettre leur blason à la révision
ordonnée par l'édit de 1696, mais bien et surtout les armes des
corporations, compagnies, communautés, individus, qui ont été
inscrites dans l'immense répertoire dont nous venons de parler,
et qui embrasse toute la France par généralités ou intendances.

Les diocèses d'Aleth, Carcassonne, Limoux, Mirepoix et Saint-
Papoul, ont, en tout ou en partie, contribué à former le terri-
toire de notre département; ils appartenaient à l'intendance du
Languedoc, dépendant les uns de la généralité de Montpellier,
les autres de celle de Toulouse, et c'est des registres spéciaux
à ces généralités que nous avons extrait nos listes, qui restent le
plus vaste et le plus sûr répertoire de ce genre que l'on puisse
utilement consulter.

Et pourtant il renferme de nombreuses erreurs dans les affec-
tations d'armoiries, erreurs qui ont résulté des résistances éprou-
vées par les commissaires chargés d'appliquer l'édit de 1696;
aussi bien des noms s'y trouvent estropiés, bien des membres
d'une même famille y figurent avec des écus différents; quelques
armoiries, évidemment erronées, y ont été décrites faute d'autres
pour éviter de longues recherches et, cependant, motiver la per-

ception du droit qui était le sens réel et le motif véritable de cet édit. En outre, la plus grande correction ne règne pas dans l'orthographe des noms qui composent ces listes, et la même famille y figure souvent sous des noms orthographiés d'une façon différente.

Malgré ces imperfections, malgré ces erreurs que l'historien local peut facilement rectifier, et bien que l'*Armorial général* n'ait été en réalité qu'une affaire de finance, qui n'eut pas même le succès qu'on en attendait, cette œuvre n'en est pas moins précieuse entre toutes pour l'histoire de nos familles, et c'est dans cette pensée que nous avons cru devoir publier le catalogue qui va suivre et qui comprend, ainsi que nous l'avons dit plus haut, la partie la moins connue de l'histoire héraldique de notre département.

A. C.-P.

ARMORIAL DE D'HOZIER.

(1696-1704).

Bureau d'Allet ou d'Aleth.

JEAN FLORY, Prêtre et Archiprêtre de Fenouillèdes.

« D'azur à une tige de trois lis d'argent mouvant d'un cœur de même, parti d'or à une croix haussée et alaizée de sable, posée sur un ancre de même ».

BALTHAZARD BOUCHEPRE, recteur de la paroisse de Roquetaillade.

« D'argent à une croix haussée et alaizée de gueules, entourée d'une couronne d'épines de sinople ».

JEAN DESPERONNES, seigneur du lieu de St-Seriol.

Porte : « Écartelé au 1er et 4me d'argent, à trois demy vols d'azur, posés 2 et 1, au 2me et 3me d'or à un poulain gay de sable ».

GERMAINE DE CAPTIER, veuve de N... Marreuille, bourg.e de la ville de Gaillan.

Porte : « D'azur à une ville d'or, acompagnée de trois cornes d'abondance de même, posées deux en chef et une en pointe ».

FRANÇOIS DE CALME, seigneur du lieu de Montazels.

Porte : « De gueules à trois pals écottez et alaisés d'argent, posés 2 et 1 ».

PIERRE-FRANÇOIS DE COUDORE DE TURN, seigneur et baron.

Porte : « De sinople à une fasse d'argent chargée de 3 roses de gueules ».

THIMOLÉON DE MEGRE s.r de Gebex, bailly du pays de Saut, conseigneur de Niort.

Porte : « D'azur à un bras d'argent tenant une épée de même, acosté de deux fleurs de lis aussi d'argent ».

N... DE CASEMAJOU, conseigneur du lieu de Niort, es.r, cap.e d'une compagnie franche et pensionnaire du Roy.

Porte : « D'azur à une épée d'or mise en pal ».

N... TISSANDIER, prêtre chan.e et théologal du Chap.re de St-Paul de Fenouillèdes.

Porte : « D'azur à trois coquilles d'argent, posées deux et une, et un chef cousu de gueules chargé de trois croissans d'argent, écartelé d'or à une croix de gueules cantonnée de quatre croisettes de même ».

N... TISSOT, chan.e du Chap.e de St-Paul de Fenouillèdes.

Porte : « De gueules à un cheuron d'or, acompagné en pointe d'une plante de jombarde de même et un chef d'azur ».

N... DE VESIAN, con.er du Roy, maire perpétuel du lieu de Cassaignes.

Porte : « Écartelé au 1er d'azur à une bande d'or, acompagnée de deux croissans d'argent, un en chef et un en pointe ; au 2me d'argent à un lion de sable lampassé de gueules, et un chef de sable party de gueules plein, coupé d'argent à trois fasses d'azur et surmontées de trois nèsfles de gueules rangées en chef ; au 3me d'azur à un dextrochère d'argent sortant d'un nuage de même et portant un cœur de pourpre vers deux comètes d'argent qui sont en chef, au 4me d'argent à 3 fasses d'azur, surmontées de trois neffles de gueules rangées en chef ».

GEORGES DE JULIEN, chanoine et doyen de l'église Catédralle, official et vicaire-général de l'éuesché d'Allet.

Porte : « Écartelé au 1er et 4me d'azur à une gerbe d'or, au 2me et 3me de gueules à 3 fasses d'or ».

GUILLAUME DE JULIEN, chanoine du Chapitre de Saint-Paul de Fenouillèdes.

Porte de même.

N... DE CASTERAS, s.r de Courbons.

Porte de même.

N... DE CASTERAS, s.r de Palmes, gouuerneur de Queribus.

Porte : « Écartelé au 1er et 4e de gueules à deux tours d'argent massonnées de sable ; au 2me et 3me d'or à six masses d'armes de gueules ».

FRANÇOIS ESPAN, prêtre, recteur du lieu de Lasserpent.

Porte : « D'argent à une croix de sable, cantonnée en chef d'un F et d'un E de même ».

HENRI DU VIUIER, seigneur du lieu du Viuier.

Porte : « De gueules pur ».

JEAN CALUET, bourg.s du lieu de St-Paul de Fenouillèdes.

« D'argent à une fasse haussée de sable ».

N... DE LESTRADE, marchand bourgeois du lieu de St-Paul de Fenouillèdes.

« D'azur à une larme d'or ».

La Com.^{TÉ} des hans du lieu de Pairoles.

« D'azur à trois billettes d'argent posées en barre ».

La Com.^{TÉ} des hans du lieu de La Ferté-St-André.

« De gueules à un orle d'or ».

La Com.^{TÉ} des hans du lieu de Terroles.

« De gueules, party d'argent à une bande de l'un en l'autre ».

Isabeau DESPERONNET DE CASSALES (D^{ME}).

« De sinople à trois bandes d'or et un chef de même ».

N... DESPERONNET de PLANCHES, recteur du lieu de Montazels.

« De sinople, party d'argent ».

N... BONNET, bourg.^s de la ville de Quillan.

« De sable à une billette blechée d'or ».

Raymond BAILLOT, prêtre, recteur du lieu de St-Ferriol.

« De sable à une jumelle d'argent ».

Jean-Marie GUERIN, marchand, bourgeois de la ville de St-Paul de Fenouillèdes.

« D'or à trois lozanges d'azur, posées deux et une ».

N... GUERIN, not^{re} et secrét.^{re} du Chap.^{re} de St-Paul de Fenouillèdes.

« Fassé, contre-fassé de gueules et d'or de quatre pièces ».

N... BOUDEIL, bourg.^s du lieu d'Arques.

« Emmanché d'or et de sinople ».

Pierre BINET, seig.^r de La Prade, cons^r du Roy, maire perpétuel de la ville de Quillan.

« D'or à deux bandes de sable et un chef de même ».

N... CANTOGRIL, m.^d, bourg.^s du lieu de Caudies.

« D'argent à une fasse d'azur surmontée de trois quarreaux de même ».

Raimond PEPRATS, m.^d, négociant à St-Paul de Fenouillèdes.

« Burelé d'argent et de gueules ».

N....MARTRE, cons.^r du Roy, maire perpétuel du lieu de Niort.

« D'argent écartelé de sinople ».

N... MARSEL Père, bourg.^s du lieu de Roquefeuil.

« D'argent à une fasse componnée de sable et d'or ».

N... BONNET, prêtre, curé de la paroisse de Gebex.

« D'azur à deux pointes d'or rasées en un cheuron ».

N... de MONTFAUCON , seig.^r de Roquetaillade.

- D'azur à trois fasses d'argent posées en fasse •..

Claude VASSEROT , m.^d , bourg.^s du lieu de Couiza.

, • De gueules à deux besans d'or posés l'un sur l'autre •.

Jean-François MIR , cons.^r du Roy , maire perpétuel du lieu de Luc.

- De gueules à trois billettes couchées d'argent posées en fassce •.

Étienne LOUBET , bourgeois de Quillan.

- De sinople , tranché nuagé d'or •.

`N...` de LA FORGE , m.^d , bourg.^s de la ville de Quillan

- De sinople à trois pals d'argent et un chef de même •.

Henry DU VIUIER , seigneur de St-Joulia.

- De sable coupé d'or •

Étienne BADET , bourg.^s du lieu de Peraza.

- De sable à un pal cometé d'argent •.

N... MALLEUILLE , not.^{re} et greffier de la ville de Quillan.

- D'or à une tierce d'azur •.

N... BESSET , lieutenant en la maitrise de Quillan.

- Pallé , contre-pallé d'or et de sinople , de quatre pieces •

N... DONNAT , prêtre , curé de la ville de Quillan.

- Party emmanché d'or et de sable •.

N... MALLEUILLE , p.^r du Roy en la ville de Quillan.

- D'argent à une bande d'azur , cotoyée de deux cotices de même •.

N... TERRISSE , cons.^r du Roy , asses.^r en la mairie de Quillan.

- D'argent palissé de deux pièces et une demye de gueules •.

N... TURLE , m.^d drapier et bourg.^s de la ville de Quillan.

- Cinq points d'argent équipolez et quatre de sinople •.

P. de SALME , m.^d , bourg.^s du lieu d'Elperaza.

- D'argent à un pal componné de sable et d'or •.

Jean ELPEZEL , bourg.^s du lieu d'Elperaza.

- D'azur à un crampon d'or •.

N... , V.^e de *N...* de NEBIAS , bourg.^s de la ville de Quillan.

- Ecartelé en sautoir d'azur et d'argent •.

N... PRADIER , prêtre , curé du lieu de Grenac.

- De gueules à trois billettes d'or posées en bande •.

Guillaume DELMAS, prêtre, chan.e et doyen du Chapitre de St-Paul de Fenouillèdes.

« De gueules coupé d'argent, chapé, chaussé de l'un en l'autre ».

N... PLA, recteur du lieu de Maury.

« De sinople à un triangle d'or ».

N... CACHULES, garde marteau en la maîtrise des eaux et forêts de Quillan.

« De sinople à un cheuron d'argent et un chef de même ».

N... BERTRAND, m.d, bourg.s de la ville de Quillan.

« De sable taillé d'or ».

N... RAMEAU, prêtre, chanoine de St-Paul de Fenouillèdes.

« De sable à un pal flamboyant d'argent ».

N... RABEREUX, prêtre, recteur du lieu de Lesquet.

« Pallé, contre-pallé d'or et d'azur de six pièces ».

N... GAICHER, prêtre, chan.e du Chap.re de St-Paul de Fenouillèdes.

« D'or à un cheuron brisé de gueules ».

N..., Veuve de N... MAURIN, major de la citadelle de Perpignan.

« D'or à un pal de sinople acosté de deux lozanges de même ».

Le Chapitre de St-Paul de Fenouillèdes.

« Tranché, emmanché d'or et de sable ».

N... ALQUIER, prêtre, chan.e du Chapitre de Saint-Paul de Fenouillèdes.

« D'argent à deux barres d'azur et un chef de même ».

N... LE NOIR, prêtre, chan.e du Chapitre de Saint-Paul de Fenouillèdes.

« D'argent écartelé de gueules à une croix de l'un en l'autre ».

N... ABRAHAM, chan.e et précenteur du Chapitre de St-Paul de Fenouillèdes.

« D'argent à un anile de sinople ».

N... ESPARDEIL, chan.e du Chapitre de St-Paul de Fenouillèdes.

« D'argent à une bande componnée de sable et d'or ».

François EXPERT, m.d, bourg.s de St-Paul de Fenouillèdes.

« D'azur à une croix alaizée d'or ».

N... PINET, lieutenant en la chatellenie de Quillan.

« De gueules à trois billettes d'or posées en pal ».

N... EXPERT , con.^{er} du Roy, maire perpétuel de Saint-Paul de Fenouillèdes.

« D'azur à un franc-quartier d'argent ».

N... BERTRAND , con.^{er} du Roy , maire perpétuel du lieu de Brenac.

« De gueules mantelé d'argent ».

N... CAYROL , con.^{er} du Roy, maire perpétuel du lieu de Fa.

« De sinople taillé nuagé d'or ».

N... DE MAULÉON DE NÉBIAS , résid.^t en la ville de Quillan.

« De sinople à un pal bretessé d'argent ».

N... MAJOUREL , con.^{er} du Roy, asses.^r en la mairie de Quillan.

« De sable tranché d'or ».

N... RAULET , n.^{re} en la ville de Quillan.

« De sable à une fasse d'argent acompagnée de deux lozanges de même posés un en chef et un en pointe ».

JEAN-PIERRE BOILLET , m.^d, bourg.^s de la ville de Quillan.

« Fassé , contre-fassé d'or et d'azur de six pièces ».

N... GIRAUD, seigneur du lieu de Beluianes.

« D'or à une hameïde de gueules ».

ANTOINE DARSSES , prêtre , recteur de la paroisse de Beluis.

« Palissé en fasse d'or et de sinople de six pièces ».

JEAN-URBAIN DARSSES , seigneur de Quiraud.

« Taillé , emmanché d'or et de sable ».

MARGUERITE-FRANÇOISE DE FOURINÉ , V^e de *N...* JAUBERT , cap.^e au rég.^t de la marine.

« D'argent à deux pals d'azur et un chef de même ».

N... JAUBERT , juge en la chatellenie de Quillan.

« D'argent à un chevron rompu de gueules ».

PIERRE PINET , bourg.^s de la ville de Quillan.

« D'argent à une bordure de sinople ».

N... DE VILIERES , prêtre , recteur du lieu de Nébias.

« D'argent à une barre componnée de sable et d'or ».

BERNARD BILLARD , con.^{er} du Roy et maire perpétuel du lieu d'Arques.

« D'azur à une croix haussée d'or ».

Paul DUROU , bourg.ʳ du lieu d'Arques.
 « D'azur à une larme d'argent ».

N... ALBOUY , prêtre, recteur du lieu du Viuier.
 « De gueules à trois billettes d'or posées en barre ».

N... TOURBERADES , prêtre, recteur du lieu de Campoucj.
 « De gueules à un orle d'argent ».

N... TOURDIERES DE PERLES , résidant à Sournia.
 « De sinople, party d'or à une bande de l'un en l'autre ».

François FERRIE , m.ᵈ, bourg.ʳ du lieu de Sournia.
 « De sinople à trois bandes d'argent et un chef de même ».

Antoine RAIMOND , bourg.ʳ de la ville de Candies.
 « De sable party d'or ».

Bernard COURONNAT , bourg.ʳ de la ville de Candies.
 « De sable à une billette clechée d'argent ».

Bernard COURONNAT , receueur du grenier à sel de Candies.
 « D'or à une jumelle d'azur ».

N... GRAFFAN , con.ᵉʳ du Roy, com.ʳᵉ aux reueües et p.ʳ de Sa Majesté, à Candies.
 « D'or à trois lozanges de gueules posées deux et une ».

N.. BARON , bourg.ʳ de la ville de Candies.
 « Fassé, contre-fassé d'or et de sinople de quatre pièces ».

N... ROUZAND , notaire à Candies.
 « Emmanché d'or et de sable ».

N... CHABAUD , prêtre, recteur de la paroisse de Courtaussa.
 « D'argent à deux bandes d'azur et un chef de même ».

Joseph DE BANNEDONA , prêtre, recteur du lieu de Roquefeuil.
 « D'argent à un fasse de gueules surmontée de trois quarteaux de même ».

Marc GRAFFAN , bourg.ʳ du lieu de Candies.
 « Burelé d'argent et de sinople ».

André PELICIEN , prêtre, recteur du lieu de Rabouillet.
 « D'argent, écartelé de sable ».

Jaque ASSAN , m.ᵈ de laine et bourg.ʳ du lieu de Rabouillet.
 « D'azur à une fasse componnée d'or et de gueules ».

Louis MARTIN , Procureur juridictionnel au lieu de Masuby.
 « D'azur à deux pointes d'argent posées en cheuron ».

Jean-Paul PRADIER, prêtre, recteur du lieu de Roudonne.

• De gueules à trois fasses d'or posées en fasse •.

N... de FOURNIER, sgr du fief de Prats.

• De gueules à deux besans d'argent posés l'un sur l'autre •.

Jean-Antoine BONNET, prêtre, recteur du lieu de St-Couat.

• De sinople à trois billettes couchées d'or et posées en fasse •.

Louis PEPRATS, con.er du Roy, maire perpétuel de la ville d'Allet.

• De sinople, tranché nuagé d'argent •.

Marie-Térèse PONS de MONTCLAR, marquise de Rebé et baronne d'Arques.

• De sable à trois pals d'or et un chef de même •.

Jean BARON le jeune, marc.d négociant et bourg.s du lieu de Bugarach.

• De sable coupé d'argent •.

N... Rouzaud, prêtre, recteur de la paroisse de Camarac.

• D'or à une tierce de gueules •.

François GRAULE, con.er dn Roy, maire perpétuel du lieu de de Camarac.

• D'or à une tierce de gueules •.

Bernard DOUANES, prêtre, recteur de la paroisse de Sournia.

• D'or à un écusson de sinople •.

N... MAZERES, bourg.s du lieu de Sournia.

• Pallé, contre-pallé d'or et de sable de quatre pièces •.

Gabriel RAPIDEL, m.d apotiquaire du lieu de Sournia.

• Party emmanché d'argent et d'azur •.

N... GRANIER, prêtre, recteur de la paroisse de Roubenac.

• D'argent à une bande de gueules cotoyée de deux cotices de même •.

Pierre BLANCARD, cons.er du Roy, maire perpétuel du lieu d'Aunat.

• D'argent palissé de deux pièces et une demye de sinople •.

N... CAYROL, prêtre, recteur du lieu de St-Goulia.

• Cinq points d'argent équipolés à quatre de sable •.

N... MOLINAT, prêtre, recteur de la paroisse de Belesta.

• D'azur à un pal componné d'or et de gueules •.

François GIRONNE, marchand, bourgeois du lieu de La Tour.

• D'azur à un crampon d'argent •.

Pierre CAYROL, m.ᵈ bourg. du lieu de La Tour.
  « Écartelé en sautoir de gueules et d'or ».

Paul RENALIER, m.ᵈ, bourg.ˢ du lieu de La Tour.
  « De gueules à trois billettes d'argent posées en bande ».

N... DESBEAUX, m.ᵈ, bourg.ˢ du lieu de La Tour.
  « De sinople coupé d'or, chappé chaussé de l'un en l'autre ».

Le Diocèse d'Allet.
  « De sinople à un triangle d'argent ».

Marie de DURDE, Vᵉ de Philippe GAICHE, con.ᵉʳ du Roy, maire perpétuel du lieu de Roquefeuil.
  « De sable à un cheuron d'or et un chef de même ».

François FOULQUIER, cons.ᵉʳ du Roy, maire perpétuel de Beaucaire.
  « De sable taillée d'argent ».

Jean-Pierre BOYER, prêtre, recteur de la paroisse de Beaucaire.
  « D'or à un pal flamboyant d'azur ».

Bernard SARDA, mᵉ apotiquaire au lieu de Beaucaire.
  « Pallé, contre-pallé d'or et de gueules de six pièces ».

Pierre de COUDERE, seigneur de Cazelles.
  « D'or à un cheuron brisé de sinople ».

Pierre LA SAGETTE, con.ᵉʳ du Roy, maire perpétuel du lieu de Roudonne.
  « D'or à un pal de sable acosté de deux lozanges de même ».

Jean BOURREL, prêtre, recteur du lieu de Bourriege.
  « Tranché, emmanché d'argent et d'azur ».

N... de SARRAULT du VIUIER, seigneur de Taissac.
  « D'argent à deux barres de gueules et un chef de même ».

N... de FEUILLANS de SARRAUTE, prêtre, curé de Feuilleuns Expilla.
  « D'argent écartelé de sinople à une croix de l'un en l'autre ».

N... SERMET, prêtre, recteur de la paroisse de Montalba.
  « D'argent à un anile de sable ».

N... de LA COUR, prêtre, recteur de la paroisse de Trebillac.
  « D'azur à une bande componnée d'or et de gueules ».

N... de MAIREUILLE de PERLES.
  « D'azur à une croix alaizée d'argent ».

N... BOUBE , prêtre , curé de la paroisse de Radignieres.

• De gueules à un franc quartier d'or ».

N... BEAUMONT , prêtre , recteur du lieu d'Escouloubre.

• De gueules à trois billetfes d'argent , posées en pal ».

N... BENAZET , 'ermier de la chambre à sel de Couisa.

• De sinople mantelé d'or ».

RAIMOND MARTIN , greffier et marchand à Sournia.

• De sinople , taillé nuagé d'argent ».

JEAN BARON , n re et trafiquant du lieu de Bugarach.

• De sable à un pal bretessé d'or ».

N... ADROIT , prestre , recteur de la paroisse de Puilaurens.

• De sable tranché d'argent ».

JAQUES FLORY , prestre , recteur de la paroisse de Caudies.

« D'or à une fasse d'azur , acomp.e de deux lozanges de même posées une en chef et une en pointe ».

N... GARDEIL , prêtre , recteur de la paroisse d'Enseigna.

• Fassé , contre-fassé d'or et de gueules de six pièces ».

ANTOINE DELMAS , prètre , recteur de la paroisse des Bains.

• D'or à une hamaïde de sinople ».

N... Ve de N... DABAZ , seig.r du lieu de Bourigeole.

• Palissé en fasse d'or et de sable de six pièces ».

N... FOURN , m.d , bourg.s de la ville de Caudies.

• Taillé , emmanché d'argent et d'azur ». ﾉ

HENRY PEPRATX , con.er du Roy, maire perpétuel de la ville de Caudies.

• D'argent à deux pals de gueules et un chef de même ».

N... Pinel , Receueur des traites foraines à Candies.

• D'argent à un chevron rompu de sinople ».

ALEXANDRE PINEL , con.er du Roy, asses r en la mairie de Caudies.

• D'argent à une bordure de sable ».

N... RESSEGUIER , m.d , bourg.s du lieu de St-Paul.

• D'azur à une barre componnée d'or et de gueules ».

LA COM.TE des hans du lieu de Puilaurens.

• D'azur à une croix haussée d'argent ».

N... CHALULAU , prêtre , recteur de la paroisse de Caramaing.

• De gueules à une larme d'or ».

Louis VINES , prêtre , recteur de la paroisse de Cournanel.
« De gueules à trois billettes d'argent posées en barre ».

N... DE NEGRE DU CLAT , resident au lieu de Beaucaire.
« De sinople à un orle d'or ».

La Com.té des hans du lieu de St-Joulia.
« De sinople, party d'argent à une bande de l'un en l'autre ».

La Com.té de hans du lieu de Cassaignes.
« De sable à trois bandes d'or et un chef de même. ».

La Com.té des hans du lieu de Niolle.
« De sable, party d'argent ».

La Com.té des hans du lieu de La Campagne.
« D'or à une billettette blechée d'azur ».

La Com.té des hans du lieu de Viuier.
« D'or à une jumelle de gueules ».

La Com.té des hans du lieu de Prunigues.
« D'or à trois lozanges de sinople posées deux et une ».

La Com.té des hans du lieu de Lesquerde.
« Fassé, contre-fassé d'or et de sable de quatre pièces ».

La Com.té des hans du lieu de St-Paul.
Emmanché d'argent et d'azur ».

La Com.té des hans du lieu de Fa.
« D'argent à deux bandes de gueules et un chef de même ».

La Communauté des habitans du lieu d'Anat.
« D'argent à une fasse de sinople surmontée de trois quarreaux de même ».

La Com.té des hans du lieu de Cailla.
« Burelé d'argent et de sable ».

La Com.té des hans du lieu de Galinargues.
« D'azur écartelé d'or ».

La Com..té des hans du lieu de Lasserpent.
« D'azur à une fasse componnée d'argent et de gueules ».

La Com.té des hans du lieu de St-Sernin.
« De gueules à deux pointes d'or posées en cheuron ».

La Com.té des hans du lieu de Maury.
« De gueules à trois fasses d'argent posées en fasse ».

La Com.té des hans du lieu de Trebillac.
« De sinople à deux besans d'or posés l'un sur l'autre ».

La Com.^{té} des hans du lieu de Marsa.

« De sinople à trois billettes couchées d'argent, posées en fasse ».

La Com.^{té} des hans du lieu de Laual.

« De sable tranché, nuagé d'or ».

La Com.^{té} des habitans du lieu de Montalban.

« De sable à trois pals d'argent et un chef de même ».

La Com.^{té} des hans du lieu d'Artigues.

« D'or coupé d'azur ».

La Com.^{té} des hans du lieu de Comnot.

« D'or à un pal cometé de gueules ».

La Com.^{té} des hans du lieu de Cornanel.

« D'or à une tierce de sinople ».

La Com.^{té} des hans du lieu de Bourigeoles.

« D'or à un écusson de sable ».

La Com.^{té} des hans du lieu de Roubenac.

« Pallé, contre-pallé d'argent et d'azur de quatre pièces ».

La Com.^{té} des hans du lieu de Montazet.

« Party emmanché d'argent et de gueules ».

La Com.^{té} des hans du lieu de Serres.

« D'argent à une bande de sinople, cotoyée de deux cottices de même ».

La Com.^{té} des hans du lieu de Bezuont.

« D'argent palissé de deux pièces et une demye de sable ».

La Com.^{té} des hans de Quilbajou.

« Cinq points d'azur équipolez à quatre d'or ».

La Com.^{té} des hans du lieu de Campoury.

« D'azur à un pal componné d'argent et de gueules ».

La Com.^{té} des hans du lieu de Cournozoles.

« De gueules à un crampon d'or ».

La Com.^{té} des hans du lieu de St-Couat.

« Ecartelé en sautoir de gueules et d'argent ».

La Com.^{té} des hans du lieu de Sougraigne.

« De sinople à trois billettes d'or posées en bande ».

La Com.^{té} des hans du lieu d'Arques.

« De sinople coupé d'argent, chapé chaussé de l'un en l'autre ».

La Com.^{té} des hans du lieu de Planezes.

« De sable à un triangle d'or ».

La Com.^{té} des hans du lieu de Feuilleuns.

« De sable à un cheuron d'argent et un chef de même ».

La Com.^{té} des hans du lien de Taissac.

« D'or taillé d'azur ».

La Com.^{té} des hans du lien de Fosse.

« D'or à un pal flamboyant de gueules ».

La Com.^{té} des hans du lieu de Candies.

« Pallé, contre-pallé d'or et de sinople de six pièces ».

La Com.^{té} des hans du lieu de Montfort.

« D'or à un cheuron brisé de sable ».

La Com.^{té} des hans du lieu de Ginella.

« D'argent à un pal d'azur acosté de deux lozanges de même ».

La Com.^{té} des hans du lieu de Beaucaire.

« Tranché emmanché d'argent et de gueules ».

La Com.^{té} des hans du lieu d'Espeze.

« D'argént à deux barres de sinople et un chef de même ».

La Com.^{té} des hans du lieu de Beluis.

« D'argent écartelé de sable à une croix de l'un en l'autre ».

La Com.^{té} des hans du lieu de Basside.

« D'azur à un anile d'or ».

La Com^{té} des hans du lieu de Mazuby.

« D'azur à une bande componné d'argent et de gueules ».

La Com.^{té} des hans du lieu des Bains.

« De gueules à une croix alaizée d'or ».

La Com.^{té} des hans du lieu de Camurac.

« De gueules à un franc quartier d'argent ».

La Com.^{té} des hans du lieu de Roquefeuil.

« De sinople à trois billettes d'or posées en pal ».

La Com.^{té} des hans du lieu de Condons.

« De sinople mantelé d'argent ».

La Com.^{té} des hans du lieu de Bouriege.

« De sable taillé nuagé d'or ».

La Com.^{té} des hans de Belbianes.

« De sable à un pal bretessé d'argent ».

La Com.^{té} des hans du lieu de Bugarach.

« D'or tranché d'azur »

La Com.^{té} des hans du lieu d'Esconbre.

« D'or à une fasse de gueules acompagnée de deux lozanges de même, posées une en chef et une en pointe ».

La Com.^{té} des hans du lieu de Tournebouis.

« Fassé, contre-fassé d'or et de sinople de six pièces ».

La Com.^{té} des hans du lieu de Boudounie.

« D'or à une hamaïde de sable ».

La Com.^{té} des hans du lieu de Campuigue.

« Palissé en fasse d'argent et d'azur de six pièces ».

La Com.^{té} des hans du lieu de Brenac.

« Taillé, emmanché d'argent et de gueules ».

La Com.^{té} des hans du lieu de Cassaignes.

« D'argent à deux pals de sinople et un chef de même ».

La Com.^{té} des hans du lieu de Fontanes.

« D'argent à un cheuron rompu de sable ».

La Com.^{té} des hans du lieu de Rennes.

« D'azur à une bordure d'or.

La Com.^{té} des hans du lieu de Roquefort.

« D'azur à une barre componnée d'argent et de gueules ».

La Com.^{té} des hans du lieu de Niort.

« De gueules à une croix haussée d'or ».

La Com.^{té} des hans du lieu de Bilfort.

« De gueules à une larme d'argent ».

La Com.^{té} des hans du lieu de Couisa.

« De sinople à trois billettes d'or posées en barre ».

La Com.^{té} des hans du lieu de Prax.

« De sinople à un orle d'argent ».

La Com.^{té} des hans du lieu de Counilhac.

« De sable party d'or à une bande de l'un en l'autre ».

La Com.^{té} des hans du lieu de Rabouillet.

« De sable à trois bandes d'argent et un chef de même ».

La Com.^{té} des hans de Pezilla.

« D'azur à neuf macles d'or posées 3. 3. 3. ».

La Com.^{té} des hans du lieu de St-Ferriol.

« De gueules à cinq besans d'argent posés trois et deux ».

La Com.^{TÉ} des hans du lieu de Granes.

« D'argent à une fasse de gueules, écartelé d'or à un pal d'azur ».

La Com.^{TÉ} des hans du lieu de Coustenssa.

« De sinople à un roc d'échiquier d'or ».

La Com.^{TÉ} des hans du lieu de Sournia.

« De sable à trois fasses componnées d'or et de gueules ».

La Com.^{TÉ} des hans du lieu de Quillan.

« D'azur écartelé d'or à un besan tourteau de l'un en l'autre ».

La Com.^{TÉ} des hans du lieu de Gebex.

« De gueules, party d'argent à une fasse de sable chargée d'un besan d'or ».

La Com.^{TÉ} des hans du lieu de Clat.

« D'or coupé d'azur à deux barres d'argent ».

La Com.^{TÉ} des hans du lieu d'Alet.

« De sable à un sautoir d'or acompagné de quatre lozanges d'argent ».

La Com.^{TÉ} des hans du lieu d'Esparaza.

« D'argent à un cheuron de gueules acompagné de trois tourteaux d'azu posés deux en chef et un en pointe ».

La Com.^{TÉ} des hans du lieu d'Aunat.

« D'or à un aulne de gueules posées en pal ».

La Com.^{TÉ} des hans du lieu de La Roquetaillade.

« D'or party de gueules à un roc d'échiquier de l'un en l'autre ».

La Com.^{TÉ} des hans du lieu de Joucou.

« De sable à un chef d'or chargé de trois billettes d'azur ».

La Com.^{TÉ} des hans du lieu de La Prade.

« D'azur à deux pals componnés d'or et de gueules ».

La Com.^{TÉ} des hans du lieu d'Antugniac.

« D'azur à un cheuron d'argent chargé de deux tourteaux de sable ».

La Com.^{TÉ} des hans du lieu de Paraou.

« De sable à 3 fasses d'argent et deux pals d'azur brochant sur le tout ».

La Com.^{TÉ} des hans du lieu de Vira.

« De sinople à un verre d'argent ».

La Com.^{TÉ} des hans du lieu de Munes.

« De sable à une meule de moulin d'or ».

La Com.^{TÉ} des hans du lieu de Lansac.

« D'azur à un fer de lance d'or ».

La Com.^{té} des hans du lieu de Razeguières.

• De gueules à une aiguiere d'argent •.

La Com.^{té} des hans du lieu d'Ansignac.

• D'or à une cornière d'azur •.

La Com.^{té} des hans du lieu de Belesta.

• De sable à un cheuron renuersé d'argent, acompagné de trois macles de même posées uue en chef et deux en pointe ».

La Com.^{té} des hans du lieu de La Tour.

• De gueules à une tour d'argent ».

Pierre BENDINE , Recteur du lieu de Fa.

« Tiercé en cheuron d'argent de sinople et d'or •.

Gabriel DELBER , bourgeois de la ville de Quillan.

• Tiercé en fasse d'argent de sable et d'or.

Résumé du bureau d'Aleth.

Personnes........................... 148 articles.

Abbayes ; Chapitres ; Communautés ; Communes ; Corporations ; Villes............... 96 articles.

Total.............. 244 articles.

Bureau de Carcassonne.

JEAN HÉRISSON, marchand, bourgeois de la ville de Carcassonue.

« D'argent à un hérisson de sable entouré d'une couronne d'épines de sinople, auec cette inscription au tour de l'écu : *Inter vespres maneo* ».

ANNE DALIBERT, seigneur de Russol.

« D'azur à un cheuron d'or surmonté de trois étoiles de même et alaizé à dextre, cette extrémité appuyée sur une cotice d'argent chargée de trois croisettes de gueules, le tout acomp.é de 4 étoiles d'or posées en cœur 1, 2, 1, et d'un coq de même passé au canton dextre de la pointe ».

VICTOR DE ROUX, seigneur d'Alsennes.

Porte : « De gueules à six mouchetures d'hermines d'argent posées 3, 2, 1.

GUILLAUME COINTEL, s/ de St-Rome.

Porte : « D'argent à un coignassier de sinople fruité d'or ».

JEAN POUSSONNEL, cons.er du Roy, cont.eur des tailles à Carcassonne.

Porte : « D'azur à un héliotrope d'or, surmonté d'un soleil de même posé au milieu du chef ».

Feu N... DE MARRAGON, suiuant la déclaration de Jeanne de Poussonnel sa veuve.

Porte : « D'azur à un lion d'or et un chef cousu de gueules chargé de 3 étoiles d'or ».

JEANNE DE BELISSEN, Ve de N... Molinier, con.er au pré.al de Carcassonne.

Porte : « De gueules à deux lions d'or affrontez et soutenant d'une de leurs pattes un monde d'argent ».

BERNARD RAYNAUD, con.er du Roy, cout.eur des finances de la généralité de Toulouze.

Porte : « D'or à un cheuron de sable acompagné en pointe d'un lion de gueules et un chef d'azur chargé de 3 étoiles d'or »

LA COM.TÉ des hans du lieu de Saissac.

Porte : « D'azur à une tour d'argent massonnée de sable ».

CLAIRE DU BOUSQUET, veuve de N... de Riuolle.

Porte : « D'argent à trois pins de sinople sur une terrasse de même, celuy du milieu plus haut que les deux autres, et un chef d'azur chargé de trois croissans d'argent ».

Mathieu BESAUCELLE, con.er du Roy, viguier et juge de Montlieu.

Porte : « D'or à deux lions de gueules affrontez et un chef d'azur chargé de trois étoiles d'or ».

Jean-François De COUMIGNAC, seigneur de Blomac.

Porte : « D'azur à un pin d'or sur une terrasse de même, acosté de deux cignes affrontez d'argent et un chef de gueules chargé d'un croissant d'argent acosté de deux étoiles d'or ».

Étienne DARDE, maire de St-Hilaire.

Porte : « D'or à trois fers de dars de sinople posés 2, 1.

Jaque DUCHEMIN, m.e chirurgien à Carcassonne.

Porte : « D'azur à trois bourdons d'argent posés en pal 2, 1, acompagnez en chef d'un soleil d'or.

Germain TOUZET, greffier de la Maison de Ville de Carcassonne.

Porte : « De gueules à un oye d'argent sur une mare ondée de même, portant en son bec un épy de bled d'or et un chef d'azur chargé de trois étoiles d'or ».

Jean De JEAN, md, bourgeois de la ville de Carcassonne.

Porte : « De gueules à un agneau pascal d'argent passant à dextre sur une terrasse de sinople, le tout contourné à senestre et regardant un soleil d'or naissant de l'angle senestre du chef de l'écu, l'agneau portant sa longue croix d'or à laquelle est attachée une banderolle de même chargée d'une croix de sable ».

Guillaume De CAILHAUT.

Porte : « De sable à deux lettres G et C d'or entrelassées, acompagnées de neuf cailloux d'argent posés 3 à 3.

Labaye de Montoulieu.

Porte : « D'argent à deux saints de carnation affrontez, sçauoir : st Jean Baptiste à dextre et vêtu de gueules et de sinople, tenant de sa main dextre sa longue croix d'or et de sa senestre caressant son agneau d'argent rampant contre ses genoux, et st Benoist à senestre vêtu de l'habit de son ordre de sable, tenant sa crosse d'or un peu peril en barre, tous les deux la teste nüe, et une champagne d'azur partie d'un trait d'or et chargée à dextre de ces trois lettres capitales S I C, et à senestre de ces trois autres S B Q, ces six lettres d'or rangées en fasse ».

N... VITALIS PEIRE, hôte à Carcassonne.

Porte : « D'azur à un arc bouché d'or encoché d'une flèche de même, ferré et empenné d'argent, le tout acompagné en chef d'un P et d'un V d'or ».

Pierre POUIL HARIAS, md, bourg.e de la ville de Carcassonne.

Porte : « D'azur à un coq d'or apuiant sa patte dextre contre un rocher d'argent et surmonté en chef d'une étoile d'or ».

La Com.^{té} des m^{es} pareurs de la ville de Carcassonne.

Porte : « D'azur à une paire de forces d'argent posées en pal le manche en haut , surmontées d'une couronne impérialle d'or accostée en fasse de deux cordes de même et soutenue en pointe d'un crochet aussy d'or ».

Antoine LA SALLE , m.^d, bourg.^s de la ville de Carcassonne.

Porte : « D'argent à une tour crenelée de trois pièces de sable surmontée d'un lion naissant de gueules ».

Jean GRATEL , m^e chirurgien à Carcassonne.

Porte : « D'azur à deux ancres d'or passés en sautoir surmontez d'un aigle le vol élevé de même passant ses deux serres sur les ancres ».

Philipe REBOUL , apotiquaire à Carcassonne.

Porte : « D'argent à un cœur enflammé de gueules, soutenu de trois flammes de même, 2 et 1, et un chef d'azur chargé d'un soleil d'or ».

Étienne GALBY , marc.^d, bourg.^s de la ville de Carcassonne.

Porte : « De gueules à un coq d'or béqué, barbé et membré de sable , surmonté en chef d'un I d'or ».

Charle MAZUÉ , bourgeois de la ville de Carcassonne.

Porte : « D'azur à un chevron d'or acompagné de trois croissans d'argent, deux en chef et un en pointe ».

Jean-François PINAUD , m.^d, bourg.^s de la ville de Carcassonne.

Porte : « D'argent à un pin de sinople sur une motte de même et un chef d'azur chargé d'un croissant d'argent acosté de deux étoiles d'or ».

Jean Du THIL , auocat en Parlement.

Porte : « D'argent à un tilleüil de sinople et un chef d'azur soutenu d'or et chargé d'une étoile d'or acostée de deux croissans d'argent ».

Pierre COMBETTES , marc.^d, bourg.^s de la ville de Carcassonne.

Porte : « D'azur à trois colombes d'argent bequées et membrées de sable, posées 2 et 1.

Jean COUDON , marc.^d, bourg.^s de la ville de Carcassonne.

Porte : « D'argent à un coignassier de sinople fructé d'or, chargé d'un croissant d'argent acosté de deux étoiles d'or ».

N... LAFONT , m.^e chirurgien à Carcassonne.

Porte : « D'azur à une fontaine à deux bassins jalissante d'argent sur une terrasse de sinople , acompagnée en chef de deux étoiles d'or et acostée en pointe de deux petites fleurs de lis d'or tigées de sinople naissantes de la terrasse.

Dominique RAMEL , marc.^d, bourg.^s de la ville de Carcassonne.

Porte : « D'argent à un chiffre d'azur ».

JAQUE PRAY , marc.^d , bourgeois de la ville de Carcassonne.

Porte : « D'argent à un pré de sinople posé en perspective , parsemé de petittes fleurs d'or et d'argent , abordé de six arbres de sinople , trois de chaque costé , au bout duquel pré est naissant un soleil d'or , et un chef d'azur chargé d'un croissant acosté de deux étoiles d'or ».

PIERRE DE SALLES , sieur de Lebosc.

Porte : « D'azur à un sautoir d'or chargé en cœur d'un lion de gueules le casque en teste de sable , lampassé et armé de mème.

PHILIPPE DE SALLES , sieur de Castams.

Porte de même.

JOSEPH DE SAINT-JEAN DE LA BASTIDE-CARLIPAN.

Porte : « D'azur à une cloche d'argent le battent de mème , soutenue par deux lions affrontez d'or lampassez et armés de gueules ».

PIERRE BARBAZATS , maire de Tresbes.

Porte : « D'argent à un P et un B d'azur , surmontez d'un cœur de gueule et acostez de deux branches de laurier de sinople passées en sautoir vers la pointe.

LA COM.^{TÉ} des haus du lieu de Tresbes.

Porte d'argent à trois B d'azur posés deux et un , et un chef aussy d'azur chargé de trois fleurs de lis d'or ».

LOUIS DE BAUD , sr de Laval , de Vilelier.

Porte : « D'azur à un tronçon de chesne d'or acosté de deux gueules de mème , et un chef d'argent chargé de trois hures de sanglier de sable deffendues d'argent ».

LE CHAPITRE de Carcassonne.

Porte : « D'or à deux saints martirs de carnation habillez de gueules , celuy à dextre tenant de sa main dextre une palme de sinople et de sa senestre un liure ouuert d'or et soutenu d'une N de gueules ; celuy à senestre tenant de sa main dextre un liure ouuert d'or et de sa senestre une palme de sinople et soutenu d'un C de gueules , et une bordure d'azur chargée de ces mots et caractères de sable : *Capitulum Ecclesiæ Carcass.*

HENRY DE BROUSSORÉ , major et commandant en la Ville haure , Cité et château de Carcassonne.

Porte : « Écartelé au 1er d'argent à deux tours de gueules massonnées de sable surmontées d'un aigle le vol abaissé de mème , au 2me d'or à un lion de gueules lampassé et armé de sable , au 3me d'argent à trois fasses crenelées chacune de trois pièces de gueules , au 4me d'azur à un cheuron d'or acompagné de trois roses de mème , deux en chef et une en pointe »

LOUIS DALBY , seigneur de Praynau.

Porte : « Écartelé au 1er et 4me d'azur à trois roses d'argent posées 2 et 1, au 2me et 3me d'or à un lion de gueules.

LA VILLE DE LA GRASSE.

Porte : « D'azur à un pont d'argent d'une seule arche massonnée de sable, suportant trois tours crenelées de même et une rivière ondoiant d'argent, ombrée d'azur, posée en pointe.

ANTOINE DANTY, cons.er, maire perpétuel de la ville de Carcassonne.

Porte : « D'azur à un cheuron d'or acompagné de trois roses d'argent posées deux en chef et une en pointe, le tout surmonté d'une étoile d'or ».

LOUIS DONNADIEU, m.d, bourg.s du lieu de La Grasse.

Porte : « D'azur à une main d'argent portant un cœur de gueules, et un chef de même chargé de trois étoiles d'or ».

ANDRÉ SALUETAT, marc.d, bourg.s du lieu de La Grasse.

Porte : « De sinople à deux serpens en sautoir d'argent, acompagné de 3 cocqs d'or et un chef d'azur chargé de 3 étoiles d'argent ».

JAQUE SEGONNE, m.e apotiquaire à Carcassonne.

Porte : « D'azur à une cicogne d'argent bequé et membré de gueules, chargé de trois étoiles d'argent ».

ANTOINE FABRE, marchand drapier et bourg.s de la ville de Carcassonne.

Porte : « D'argent à 3 pins de sinople sur une motte de même, surmontez de deux oyseaux affrontez aussy de sinople, et un chef d'azur chargé d'un croissant d'argent acosté de deux étoiles de même ».

GABRIEL DE BOSCQ, seig.r d'Erneuille.

Porte : « Ecartelé au 1er et 4me d'argent à trois arbres de sinople posés 2 et 1, au 2me et 3me à une fasse de gueules chargée de 3 fleurs de lis d'argent ».

LA COM.TÉ des hans du lieu de Conques.

Porte : « de gueules à trois conques d'argent posées 2 et 1 ».

JEAN-PIERRE BONNET, bourg.s du lieu de St-Hilaire.

Porte : « D'azur à un cheuron d'or, acompagné en chef de deux étoiles de même ».

JEAN RONDEL, bourg.s du lien de St-Hilaire.

Porte : « D'azur à une étoile d'or surmontée d'un soleil de même ».

GEORGES RODIER, auocat au Parlement, residant à Carcassonne.

Porte : « D'azur à un cheuron d'argent surmonté d'un angle d'or regardant un soleil de même ».

Jean VIGUIER , lieutenant aux ordinaires de La Grasse.

Porte : « D'azur à un cheuron d'or acompagné en chef d'une grape de raisin de même , et en pointe d'un oiseau d'argent nageant sur des nuages de même ».

Jean SOUBRIER de TENC , auocat en Parlement.

Porte : « D'argent à un sorbier de sinople et un chef d'azur chargé de trois étoiles d'or ».

Guillaume De PLANCS , prêtre , curé de Villesèque-Lande.

Porte : « Parti au 1er de sinople à un cheuron d'argent acompagné de 3 plans d'or , deux en chef et une en pointe ; et au 2me d'or à trois fasses de gueules ».

Jean RODIEL , prêtre, docteur en théologie, curé de Caudebronde.

Porte : « D'azur à un cheuron d'argent surmonté d'un aigle d'or regardant un soleil de même ».

Jean VIDAL , cons.er et médecin ordin.re du Roy à Carcassonne.

Porte : « De gueules à 3 croissans d'argent, deux en chef et un en pointe »

François De CATHELAN , s.r de Roquefère.

Porte : « D'argent à un lion de sable lampassé et armé de gueules, à un chef d'azur chargé de trois croissans d'or ».

N... De CALMS , prêtre , chan.e en l'église catedralle de la Cité de Carcassonne.

Porte : « De gueules à trois chicots d'argent posés 2 et 1 , et un chef cousu d'azur chargé de trois étoiles d'argent ».

Bernard BOUCARE , chanoine de l'église catedralle de la Cité de Carcassonne.

Porte : « D'argent à un bouc de sable acorné , barbé et onglé d'or , rampant et brouttant sur un arbre de sinople posé en flans dextre de l'écu ».

La Com.té des marc.ds drapiers de la ville de Carcassonne.

« D'or chaussé d'azur ».

La Com.té des marc.ds chaussetiers de la ville de Carcassonne.

« D'or à un lozange de gueules ».

La Com.té des officiers de la ville de Carcassonne.

« D'or à une fasse ondée de sinople ».

La Com.té des m.es teinturiers de la ville de Carcassonne.

« D'or à la lettre capitale T de sable ».

La Com.té des m.es chaudroniers , fourbisseurs , couteliers et lanterniers de la ville de Carcassonne.

« D'argent à deux fasses d'azur ».

LA COM.^{TÉ} des m.^{es} droguistes de la ville de Carcassonne.

« D'argent à trois bandes de gueules ».

LA COM.^{TÉ} des boullangers et fourniers de la ville de Carcassonne.

« D'argent à un chef pal de sinople ».

ELIZABETH BLANC, Ve de N... Poncet, bourg.^s de la ville de Carcassonne.

« Pallé d'argent et de sable de quatre pièces ».

ANTOINÉ FAURE, mar.^d, bourg.^s de la ville de Carcassonne.

« D'azur embrassé à dextre d'or »

LA COM.^{TÉ} des m.^{es} cordonniers de la ville de Carcassonne.

« D'azur à une macle d'argent ».

LA COM.^{TÉ} des m.^{es} tisserans de la ville de Carcassonne.

« De gueules à un pal ondé d'or ».

LA COM.^{TÉ} des m.^{es} cardeurs et escardasseurs de la ville de Carcassonne.

« De gueules à la lettre capitalle C d'argent ».

FRANÇOIS TRUILLET, march.^d droguiste et bourg.^s de la ville de Carcassonne.

« De sinople à un chef d'or ».

JEAN MANDOUEIL, bourg.^s de la ville de Carcassonne.

« De sinople à deux pals d'argent ».

JEAN SIRUEN, march.^d, bourg.^s de la ville de Carcassonne.

« De sable à trois barres d'or ».

LA COM.^{TÉ} des m.^{es} tailleurs de la ville de Carcassonne.

« De sable à un chef bandé d'argent ».

LA COM.^{TÉ} des m.^{es} marechaux, serruriers, bridiers, battiers et selliers de la ville de Carcassonne.

« Palé d'or et d'azur de six pièces ».

JEAN MAILHOT, m.^d drapier et bourg.^s de la ville de Carcassonne.

« D'or embrassé à senestre de gueules ».

ISAAC FOURNIER, mar.^d, bourg.^s du lieu de Conques.

« D'or à un rustre de sinople ».

N... EMINBRE, con.^{er} du Roy, assesseur en la mairie de Conques.

« D'or à une étoile de sable ».

LA COM.^{TÉ} des hans du lieu de Rustiques.

« D'argent à la lettre capitale R d'azur ».

BERNARD CAZENEUUE , bourgeois du lieu de Conques.

« D'argent à une fasse de gueules ».

MATHIEU MOURREAU , m.ᵈ , bourg.ᵉ de la ville de Carcassonne.

« D'argent à deux bandes de sinople ».

LA COM.ᵀᴱ des hans du lieu de Ventenac.

« D'argent à une croix de sable ».

LA COM.ᵀᴱ des hans du lieu de Montlaur.

« D'azur à un chef barré d'or ».

LA COM.ᵀᴱ des hans du lieu de Montirat.

« Bandé d'azur et d'argent de quatre pièces ».

LA COM.ᵀᴱ des hans du lieu de Saint-Hilaire.

« Gironné de gueules et d'or ».

LA COM.ᵀᴱ des hans du lieu de Baignols.

« De gueules à un besan d'argent ».

LA COM.ᵀᴱ des m.ˢ peigneurs de la ville de Carcassonne.

« De sinople à un croissant d'or ».

LA COM.ᵀᴱ des hans du lieu de Montze.

« De sinople à un pal d'argent ».

LA COM.ᵀᴱ des hans du lieu de Pradelles-en-Val.

« De sable à deux barres d'or ».

LA COM.ᵀᴱ des hans du lieu de Cauanac.

« De sable à un sautoir d'argent ».

LA COM.ᵀᴱ des hans du lieu de Castans.

« Échiqueté d'or et d'azur ».

LA COM.ᵀᴱ des m.ˢ charpentiers, tourneurs, scieurs, menuisiers, sculteurs et charrons de la ville de Carcassonne.

« Barré d'or et de gueules de quatre pièces ».

LA COM.ᵀᴱ des m.ˢ paticiers et hostes de la ville de Carcassonne.

« D'or flanqué de sinople ».

LA COM.ᵀᴱ des m.ˢ Massons de la ville de Carcassonne.

« D'or à un treffle de sable ».

LA COM.ᵀᴱ des m.ˢ tanneurs de la ville de Carcassonne.

« D'argent à un tau d'azur ».

ÉTIENNE ESPEROU , bourg.ᵉ de la ville de Carcassonne.

« D'argent à une bande de gueules ».

JEAN-FRANÇOIS SALEMAN , m.^d, bourg.^s de la ville de Carcassonne.
« D'argent à trois fasses de sinople ».

N... BREIL , m.^d droguiste et bourg.^s de la ville de Carcassonne.
« D'argent à un cheuron de sable ».

RAYMOND DE GARROU , prêtre, curé de la paroisse de Lairac.
« Fassé d'azur et d'or de quatre pièces ».

N... SAUNIER , m.^d, bourg.^s de la ville de Carcassonne.
« D'azur chapé d'argent ».

N... ROLLAND , commis à la chambre à sel à Carcassonne.
« De gueules à une billette d'or ».

JEAN RIEUX , marc.^d, bourg.^s de la ville de Carcassonne.
« De gueules à un annelet d'or ».

JEAN ANDRÉ , marc.^d, bourg.^s de la ville de Carcassonne.
« De sinople à la lettre capitale A d'or ».

LA CONFRÉRIE des Pénitens de la ville de Carcassonne.
« De sinople à une barre d'argent ».

LA COM.^{TÉ} des marc.^{ds} de toille de la ville de Carcassonne.
« De sable à trois pals d'or ».

JEAN AULARD , m.^e chirurgien de la ville de Carcassonne.
« De sable à un pairle d'argent ».

LA COM.^{TÉ} des m.^{es} chirurgiens de la ville de Carcassonne.
« Fassé d'or et d'azur de six pièces ».

LA COM.^{TÉ} des hans du lieu de Roullens.
« D'or chaussé de gueules ».

CHARLES PASCAL , mar.^d, bourg. de la ville de Carcassonne.
« D'or à un lozange de sinople ».

LA COM.^{TÉ} des hans du lieu de Montclar.
« D'or à une fasse ondée de sable ».

JAQUE PERRIS , mar.^d, bourg.^s de la ville de Carcassonne.
« D'argent à la lettre capitale P d'azur.

LA COM.^{TÉ} des hans du lieu de Pommas.
« D'argent à deux fasses de gueules ».

LA COM.^{TÉ} des hans du lieu de Gardies.
« D'argent à trois bandes de sinople ».

LA COM.^{TÉ} des hans du lieu de Verseille.
« D'argent à un chef pal de sable ».

L<small>A</small> C<small>OM</small>.<small>TÉ</small> des hāns du lieu de Mascabardès.
- « Palé d'azur et d'or de quatre pièces ».

N... DUCUP <small>DE</small> LA BASTIDE , bourg.<small>s</small> du lieu de M...
- « D'azur embrassé à dextre d'argent ».

N... MALPEL , prêtre , curé de la paroisse de Montolieu.
- « De gueules à une macle d'or ».

L<small>A</small> C<small>OM</small>.<small>TÉ</small> des hāns du lieu de Leuc.
- « De gueules à un pal ondé d'argent ».

L<small>A</small> C<small>OM</small>.<small>TÉ</small> des hāns du lieu de Villemonstausson.
- « De sinople à la lettre capitale V d'or ».

L<small>A</small> C<small>OM</small>.<small>TÉ</small> des hāns du lieu de Badens.
- « De sinople à un chef d'argent ».

L<small>A</small> C<small>OM</small>.<small>TÉ</small> des hāns du lieu de Roquefère.
- « De sable à deux pals d'or ».

L<small>A</small> C<small>OM</small>.<small>TÉ</small> des hāns du lieu de Cournèze.
- « De sable à trois harres d'argent ».

L<small>A</small> C<small>OM</small>.<small>TÉ</small> des hāns du lieu de La Valette.
- « D'or à un chef bandé d'azur ».

L<small>A</small> C<small>OM</small>.<small>TÉ</small> des hāns du lieu de Confoulens.
- « Palé d'or et de gueules de six pièces ».

L<small>A</small> C<small>OM</small>.<small>TÉ</small> du lieu de Madescours.
- « D'or embrassé à senestre dè sinople ».

L<small>A</small> C<small>OM</small>.<small>TÉ</small> des hāns du lieu de Laderes.
- « D'or à un rustre de sable »,

N... D<small>E</small> COMBESDIER , pr.<small>e</small>, recteur de la paroisse de Cuxac.
- « D'argent à une étoile d'azur ».

L<small>A</small> C<small>OM</small>.<small>TÉ</small> des hāns du lieu d'Arzens.
- « D'argent à la lettre capitale A de gueules ».

L<small>A</small> C<small>OM</small>.<small>TÉ</small> des hāns du lieu de Serviés.
- « D'argent à une fasse de sinople ».

L<small>A</small> C<small>OM</small>.<small>TÉ</small> des hāns du lieu d'Arquettes.
- « D'argent à deux bandes de sable ».

L<small>A</small> C<small>OM</small>.<small>TÉ</small> des hāns du lieu de Floure.
- « D'azur à une croix d'or ».

L<small>A</small> C<small>OM</small>.<small>TÉ</small> des hāns du lieu de Villefloure.
- « D'azur à un chef barré d'argent ».

La Com.^{té} des hans du lieu de Viletritoultz.

La Com.TÉ des hans du lieu de Viletritoultz.
« Bandé de gueules et d'or ».

La Com.TÉ des hans du lieu de Taurise.
« Gironné de gueules et d'argent ».

La Com.TÉ des hans du lieu de Villa de Laual.
« De sinople à un besan d'or ».

La Com.TÉ des hans du lieu de Rieux.
« De sinople à un croissant d'argent ».

La Com.TÉ des hans du lieu de Bouilhonnac.
« De sable à un pal d'or ».

La Com.TÉ des hans du lieu de La Bastide de Laual.
« De sable à deux barres d'argent ».

La Com.TÉ des hans du lieu de Caunettes de Laual.
« D'or à un sautoir d'argent ».

PIERRE PINEL, marc.^d, bourg.^s de la ville de Carcassonne.
« Échiqueté d'or et de gueules »,

La Com.TÉ des hans du lieu d'Aiguesuiues.
« Barré d'or et de sinople de quatre pièces ».

La Com.TÉ des hans du lieu de Campendeu.
« D'or flanqué de sable ».

La Com.TÉ des hans du lieu de Mairac.
« D'argent à un treffle d'azur.

ÉTIENNE LA PERINNE, m.^d, bourg.^s de la ville de Carcassonne.
« D'argent à un tau de gueules ».

N... DAUID, cons.^{er} du Roy, receueur des tailles à Carcassonne.
« D'argent à une bande de sinople ».

PIERRE ROQUES, marchand, bourgeois.
« D'argent à trois fasses de sable ».

La Com.TÉ des hans du lieu de Barbaira.
« D'azur à un cheuron d'or ».

La Com.TÉ des hans du lieu de Saint-Martin.
« Fassé d'azur et d'argent de quatre pièces ».

La Com.TÉ des hans du lieu de Caudebronde.
« De gueules chapé d'or ».

La Com.TÉ des hans du lieu de Miraual.
« De gueules à une billette d'argent ».

La Com.[té] des hans du lieu de Canecaude.

- De sinople à un annelet d'or ».

Valantin La TOUGE , mar.[d] , bourg.[s] de la ville de Carcassonne.
- De sinople à la lettre capitale T d'argent ».

La Com.[té] des hans du lieu de Malues.
- De sable à une barre d'or ».

La Com.[té] des hans du lieu de Fontiers de Riue-d'Aude.
- De sable à trois pals d'argent ».

La Com.[té] des hans du lieu de Berriac.
- D'or à un pairle d'azur ».

La Com.[té] des hans du lieu de Sallelles.
« Fassé d'or et de gueules de six pièces ».

La Com.[té] des hans du lieu de Marceillette.
« D'or chaussé de sinople ».

La Com.[té] des hans du lieu de Douzens.
« D'or à un lozange de sable ».

La Com.[té] des hans du lieu de Marmorière.
« D'argent à une fasse ondée d'azur ».

La Com.[té] des hans du lieu de Villardonnel.
« D'argent à la lettre capitale V de gueules ».

La Com.[té] des hans du lieu de Cuxac.
« D'argent à deux fasses de sinople ».

La Com.[té] des hans du lieu de Courneille.
« D'argent à trois bandes de sable ».

Antoine RAMEL , marc.[d] , bourg.[s] du lieu de Montolieu,
« D'azur à un chef pal d'or ».

La Com.[té] des hans du lieu de Trassanel.
« Palé d'azur et d'argent de quatre pièces ».

La Com.[té] des hans du lieu de Raissac.
« De gueules embrassé à dextre d'or ».

Jean RIGAUD , marc.[d] , bourg.[s] de la ville de Carcassonne.
« De guenles à une macle d'argent ».

Jean-Antoine FONS , mar.[d] , bourg.[s] du lieu de Saint-Hilaire.
« De sinople à un pal ondé d'or ».

La Com.[té] des hans du lieu de Brousses.
« De sinople à la lettre capitale B d'argent ».

LA Com.^{TÉ} des hans du lieu de Vilegly.
« De sable à un chef d'or ».

N... MEREN, prêtre, curé de la paroisse de La Grasse.
« De sable à deux pals d'argent ».

N... CICERON, procureur juridictionel à La Grasse.
« D'or à trois barres d'azur ».

N... SENDET, assesseur du lieu de La Grasse.
« D'or à un chef bandé de gueules ».

N... DALBY, Ve de N... de Vila, bourg.^s du lieu de La Grasse.
« Palé d'or et de sinople de six pièces ».

N... ANGUILLE, marc.^d, bourg.^s du lieu de La Grasse.
« D'or embrassé à senestre d'or ».

N... FABRE, marc.^d, bourg.^s du lieu de La Grasse.
« D'argent à un rustre d'azur ».

N... MAS, marc.^d, bourg.^s du lieu de La Grasse.
« D'argent à une étoile de gueules ».

N... DANDRIEUX, Ve de N... de Baux, bour.^s du lieu de La Grasse.
« D'argent à la lettre capitale D d'azur »,

N... LAUTIER, marc.^d, bourg.^s du lieu de La Grasse.
« D'argent à une fasse de sable ».

N... PAPINAUD, marc.^d, bourg.^s du lieu de La Grasse.
« D'azur à deux bandes d'or ».

N... CALÈNE, marc.^d, bourg.^s du lieu de La Grasse.
« D'azur à une croix d'argent ».

N... REQUY, marc.^d, bourg.^s du lieu de La Grasse.
« De gueules à un chef barré d'or ».

N... PAULÉ, marc.^d, bourg.^s du lieu de La Grasse.
« Bandé de gueules et d'argent de quatre pièces ».

N... MERIC, marc.^d, bourg.^s du lieu de La Grasse.
« Gironné de sinople et d'or ».

La Com.^{TÉ} des hans du lieu de Caux.
« De sinople à un besan d'argent ».

N... BOUSQUET, bourg.^s du lieu de Leuc.
« De sable à un croissant d'or ».

La Com.^{TÉ} des hans du lieu de Fontiers Cabardès.
« De sable à un pal d'argent ».

La Com.^{té} des hans du lieu de Villeneuue de Montréal.

« D'or a deux barres d'azur ».

ALEXANDRE DE VALZ , hab.^t du lieu de Vilardonnel.

« D'or à un sautoir de gueules ».

N... DE ST-JEAN , prêtre et chanoine du Chap.^{re} de Montréal.

« Échiqueté d'or et de sinople ».

La Com.^{té} des hans du lieu de Cenne.

« Barré d'or et de sable de quatre pièces ».

La Com.^{té} des hans du lieu de Monestier.

« D'argent flanqué d'azur ».

La Com.^{té} des hans du lieu de Villaret.

« D'argent à un treffle de gueules ».

FRANÇOIS SIMONY , con.^{er} du Roy , maire perpétuel du lieu de Conques.

« D'argent à un tau de sinople ».

La Com.^{té} des hans du lieu d'Aragon.

« D'argent à une bande de sable ».

La Com.^{té} des hans du lieu de Carlipa.

« D'azur à trois fasses d'or ».

La Com.^{té} des hans du lieu de Montoulieu.

« D'azur à un cheuron d'argent ».

JEAN-ANTOINE DU FAY , seigneur de La Caunette.

« Fassé de gueules et d'or de quatre pièces ».

La Com.^{té} des hans de Villebasi.

« De gueules chapé d'argent ».

La Com.^{té} des hans du lieu de Cabrespine.

« De sinople à une billette d'or ».

La Com.^{té} des hans du lieu de Pradelles-Cabardès.

« De sinople à un annelet d'argent ».

La Com.^{té} des hans du lieu de Sauzens.

« De sable à la lettre capitale S d'or ».

La Com.^{té} des hans du lieu de Ste-Eulalie.

« De sable à une barre d'argent ».

La Com.^{té} des hans du lieu de St-Coüat.

« D'or à trois pals d'azur ».

LA COM.^{TÉ} des hans du lieu de Bouffac.

« D'or à un pairle de gueules ».

LA COM.^{TÉ} des hans du lieu de Vilarzel.

« Fassé d'or et de sinople de six pièces ».

LA COM.^{TÉ} des hans du lieu de St-Denis.

« D'or chaussé de sable ».

LE COUVENT DES CARMES de Montréal.

« D'argent à un lozange d'azur ».

RAYMOND FAURE, con.^{er} du Roy, assesseur en l'Hostel de Ville de Montréal.

« D'argent à une fasse ondée de gueules ».

N... MAGUELONNE, notaire à Montréal.

« D'argent à la lettre capitale M de sinople ».

PIERRE TARDIUAL, march.^d drapier et bourg.^s de la ville de Montréal.

« D'argent à deux fasses de sable ».

ARNAUD FARGUES, bourg.^s de la ville de Montréal.

« D'azur à trois bandes d'or ».

FRANÇOIS DE SALLES, s.^r de Pradelles.

« D'azur à un chef pal d'argent ».

PIERRE CHAZOTTES, cons.^{er} du Roy, maire perpétuel du lieu de Mascabardès.

« Palé de gueules et d'or de quatre pièces ».

N... AURIOL, prêtre, curé de la paroisse de Fontiers-Cabardès.

« De gueules embrassé à dextre d'argent ».

N... BAUX, bourg.^s du lieu de Fontiers-Cabardès.

« De sinople à une macle d'or ».

N... LA BAUTE, bourg.^s du lieu de Fontiers-Cabardès.

« De sinople à un pal ondé d'argent ».

N... DE ROQUE, gentilhomme.

« De sable à la lettre capitale R d'or ».

N... NEGRE, l.^t de juge à Caudebronde.

« De sable à un chef d'argent ».

LA COM.^{TÉ} des hans du lieu de Moussoulens.

« D'or à deux pals d'azur ».

La Com.^{té} des hans du lieu de Caunettes lez Moussoulens.

« D'or à trois barres de gueules ».

N... De MONTLAUR , prêtre , curé de la paroisse de Corneille.

« D'or à un chef bandé de sinople ».

N... De HEGUY , bourg.ᵉ du lieu d'Arsens.

« Parti d'or et de sable de six pièces ».

La Com.^{té} des hans du lieu d'Alzonne.

« D'argent embrassé à senestre d'azur ».

N... VERGUES , prêtre , curé de la par.ᵉ de Saint-Denis.

« D'argent à un rustre de gueules ».

La Com.^{té} des hans du lieu de Villesequelande.

« D'argent à une étoile de sinople ».

Joseph De MOUNES , seig.ʳ d'Elbouix.

« D'argent à la lettre capitale M de sable ».

La Com.^{té} des habitans du lieu de Cazillac.

« D'azur à une fasse d'or ».

N... FOURNERY , prêtre , curé de la paroisse d'Arsens.

« D'azur à deux bandes d'argent ».

N... LA BARTHE , mar.ᵈ , bourg.ᵉ de La Bastide-Esparbairenque.

« De gueules à une croix d'or ».

Martial RAMEIL , prêtre , curé de la paroisse de La Bastide-Esparberenque.

« De gueules à un chef barré d'argent ».

N... RAMOULLE , prêtre , curé de la par.ᵉ de Villegaillenc.

« Bandé de sinople et d'or de quatre pièces ».

N... MARSILES , bourg.ᵉ du lieu de Villegaillenc.

« Gironné de sinople et d'argent ».

N... CABROL , bourg.ᵉ du lieu de Villegaillenc.

« De sable à un besan d'or ».

N... MICHEL , bourg.ᵉ du lieu de Villegaillenc.

« De sable à un croissant d'argent ».

N... De CUXAC , seigneur du dit lieu.

« D'or à un pal d'azur ».

La Com.^{té} des hans du lieu de Fraisse.

« D'or à deux barres de gueules ».

LA Com.^{TÉ} des hans du lieu de La Bastide-Esparberenque.

« D'or à un sautoir de sinople ».

N... JOULIA , bourg.^s du lieu de La Tourette.

« Échiqueté d'or et de sable ».

N... GALIBERT , bourg.^s du lieu de La Tourette.

« D'argent flanqué de gueules ».

MAGUERITTE DE BROUSSE , V.^e de *N...* LALLEMAN , marc.^d , bour.^s du lieu de Carcassonne.

« D'argent à un treffle de sinople ».

N... CONQUET , marc.^d , bourg.^s de la ville de Carcassonne.

« D'argent à un tau de sable ».

LE DIOCÈSE de Carcassonne.

« D'azur à une bande d'or ».

ISABEAU DE RIGAUD , V^e de *N...* ROUYRE , viguier de Capendeu.

« D'azur à trois fasses d'argent ».

RAYMOND RIUALZ , prêtre , curé de la paroisse d'Alzonne.

« De gueules à un cheuron d'or ».

GUILLAUME OLIVE , marc.^d droguiste et bourg.^s de la ville de Carcassonne.

« Fassé de gueules et d'argent de quatre pièces ».

JEAN BELMAS , marc.^d apoticaire en la ville de Carcassonne.

« De sinople chapé d'or ».

ARNAUD BORDES , chan.^e du Chapitre de la Cité de Carcassonne.

« De sinople à une billette d'argent ».

N... VILLE , prêtre , chan. du Chap.^e de la Cité de Carcassonne.

« De sable à un annelet d'or ».

N... BONNEMAISON , prêtre , ch.^{ne} du Chap.^e de la Cité de Carcassonne.

« De sable à la lettre capitale B d'argent ».

PIERRE MURAILLO , prêtre , chan.^e du Chap.^e de la Cité de Carcassonne.

« De gueules à un oiseau de proye passant d'argent surmonté de 5 larmes de même posées 2 et 3 , entouré d'une couronne d'épines aussi d'argent ».

VITALIS DE COUSTA , chan.^e , précepteur du Chap.^{re} de la Cité de Carcassonne.

« D'or à une bande d'azur ».

Fʀᴀɴçᴏɪs DONNADIEU, prêtre, chan. hebdomadier du Chap.ᵉ de la Cité de Carcassonne.

« D'or à trois pals de gueules ».

Jᴏsᴇᴘʜ BARON, docteur en médecine à Carcassonne.

« D'or à un pairle de sinople ».

Aʀɴᴀᴜᴅ ROBERT, marc.ᵈ, bourg.ˢ de la ville de Carcassonne.

« Fassé d'or et de sable de six pièces ».

Cʟᴀɪʀᴇ Dᴇ LORDAT, Vᵉ de Sébastien Dᴇ Vᴏɪsɪɴs sgr de Pommas.

« D'argent chaussé d'azur ».

Oᴅᴇᴛ Dᴇ VOISINS, seig.ʳ de Pommas.

« D'argent à un lozange de gueules ».

Pʜɪʟɪᴘᴘᴇ TEULIER, bourg.ˢ du lieu de Pommas.

« D'argent à une fasse ondée de sinople ».

Lᴇ ᴄᴏᴜᴜᴇɴᴛ ᴅᴇs Cᴀʀᴍᴇs de la ville de Carcassonne.

« D'argent à la lettre capitale C de sable ».

Lᴇ ᴄᴏᴜᴜᴇɴᴛ ᴅᴇs Pèʀᴇs ᴅᴇ Lᴀ Mᴇʀᴄʏ.

« D'azur à deux fasses d'or ».

Lᴇ ᴄᴏᴜᴜᴇɴᴛ ᴅᴇs ʀᴇʟɪɢɪᴇᴜx Aᴜɢᴜsᴛɪɴs de la ville de Carcassonne.

« D'azur à trois bandes d'argent ».

Lᴇ ᴄᴏᴜᴜᴇɴᴛ ᴅᴇs ʀᴇʟɪɢɪᴇᴜsᴇs Uʀsᴜʟɪɴᴇs de la ville de Carcassonne.

« De gueules à un chef pal d'or ».

Aɴᴛᴏɪɴᴇ LA MARQUE, prêtre, curé de la paroisse de Penautier.

« Palé de quatre pièces de gueules et d'argent ».

Lᴀ Cᴏᴍ.ᴛᴇ́ des hans du lieu de Lastours.

« De sinople embrassé à dextre d'or ».

Lᴀ Cᴏᴍ.ᴛᴇ́ des hans du lieu de Salsigne.

« De sinople à une macle d'argent ».

Lᴀ Cᴏᴍ.ᴛᴇ́ des hans du lieu de Vilanière.

« De sable à un pal ondé d'or ».

Lᴀ Cᴏᴍ.ᴛᴇ́ des hans du lieu de Fournes.

« De sable à la lettre capitale F d'argent ».

Lᴀ Cᴏᴍ.ᴛᴇ́ des hans du lieu des Illes.

« D'or parti d'azur ».

Jᴇᴀɴ AZAN, chirurgien à Carcassonne.

« D'or à une billette clechée de gueules ».

N... BONNET , hoste à Carcassonne.
· D'or à une jumelle de sinople ».

N... CATUFFE , bourg.ᵉ du lieu de Bagnols.
« D'or à trois lozanges de sable posés 2 et 1 ».

N... DE LA CLAUZE , bourg.ˢ de la ville de Baignols.
« Fassé, contre-fassé de quatre pièces d'argent et d'azur ».

LA Comᵀᴱ des hans du lieu de Palaja.
« Emmanché d'argent et de gueules ».

LA Com.ᵀᴱ des hans du lieu de Preissan.
« D'argent à deux bandes de sinople et un chef de même ».

PIERRE BRIAL , marc.ᵈ , bourg.ˢ du lieu de Mireual.
« D'argent à une fasse de sable, surmontée de 3 carreaux de même » ».

PIERRE VIDAL , marc.ᵈ , bourgeois de la ville de Carcassonne.
« Burelé d'azur et d'or ».

LA Com.ᵀᴱ des hans du lieu de La Tourette.
« D'azur écartelé d'argent ».

ANTOINE BENEZET , bourg.ˢ du lieu de Limouzis.
« De gueules à une fasse componnée d'or et d'azur ».

PIERRE VALLETTE , maire de Cabrespine.
« De gueules à deux pointes d'argent posées en cheuron ».

ANTOINE BALESTE , bourg.ˢ du lieu de Cabrespine.
« De sinople à trois fasses d'or posées en fasse ».

JEAN JOUY , marc.ᵈ , bourg.ˢ du lieu de Cabrespine.
« De sinople à deux besans d'argent posés l'un sur l'autre ».

JEAN BRICARD , bourg.ˢ du lieu de Castans.
« De sable à trois billettes couchées d'or posées en fasse ».

ANTOINE BENEZET , marc.ᵈ , bourg.ˢ du lieu de Saissac.
« De sable, tranché, nuagé d'argent ».

LA Com.ᵀᴱ des apoticaires de la ville de Carcassonne.
« D'or à trois pals d'azur et un chef de même ».

FRANÇOIS PUEL , prêtre , curé de Cabrespine.
« D'or coupé de gueules ».

LA Com.ᵀᴱ des hans du lieu de Layrac.
« D'or à un pal cometé de sinople ».

N... BARDOU , prêtre , curé de la paroisse des Illes en Cabardes.
« D'or à une tierce de sable ».

Jean-François De MEDAILLE , cons.er du Roy et son ad.t au Senechal et siége pré.al de Carcassonne.

Porte : « D'or à un aigle de sable . écartelé d'argent à une teste de maure de sable liée d'argent , et sur le tout de gueule à un cheuron d'or et chef cousu d'azur chargé de trois roses d'argent ».

Jean-Bap.te De RAINAUT , con.er du Roy , vérifficateur et rap.teur des deffauts au siége pré.al de Carcassonne.

Porte : « D'or à un cheuron de sable acompagné en pointe d'un lion de gueulle , un chef d'azur chargé de trois estoilles d'or et une bordure de gueule , chargé de huit besans d'argent ».

Antoine SAMARY , marchand à Carcassonne.

Porte : « D'argent à une S de sable entrelassée dans le pied d'une croix de gueule à double trauerse et formant un 4 de chiffre , posée sur un A de sable entourée du nom d'Antoine Samary de Carcassone ».

Jacques BARTHE , m.e apoticaire à Carcassonne.

Porte : « De gueulle à trois roses d'argent tigées et feuillées de même ».

Pierre BOURLAT , marchand à Carcassonne.

Porte : « D'azur à trois oyes d'argent sur une riuière de même , accompagnées en chef d'un soleil d'or ».

Guillaume De TURLE , cons.er au présidial de Carcassonne.

Porte : « D'argent à trois branches de mirthe de sinople mouuantes d'un croissant de gueulle et un chef d'azur chargé de deux estoilles d'or ».

Jean PUNTOC , bourg.e du lieu de Ventenac.

« D'argent à un écusson d'azur , palé , contre-palé de quatre pièces ».

N... , Ve de N... GALAUP , bourg.e du lieu de Fontiers-Cabardes.

« D'argent et de gueules ».

N... CASTEL , con.er du Roy maire perpétuel du lieu de Brousses.

« Parti emmanché d'argent sinople ».

N... CLERMONT , prêtre , curé de la paroisse de Miraval.

« D'argent à une bande de sable cotoyée de deux cotices de même ».

Jean-Pierre LA PERIÈRE , prêtre, curé de la paroisse de Montlaur.

« D'azur palissé de deux pièces et une de même d'or ».

Michel SANSON , prêtre , cons.er au présidial de Carcassonne.

« Cinq points d'azur équipolés à quatre d'argent ».

Le corps des Officiers de la justice ordinaire de Montréal.

« De gueules à un pal componné d'or et d'azur ».

N... , prêtre , curé de Verseil.

« De gueules à un crampon d'argent ».

Pierre CHAZOTTE , marc.ᵈ , bourg.ˢ du lieu de Limouzis.
  • Écartelé en sautoir de sinople et d'or •.

N... BOYER , prêtre , curé de la par.ᵉ de Barbeyra.
  • De sinople à trois billettes d'argent posées en bande •.

Jean-François BUSQUET , prestre , curé de la parr.ᵉ de Caux.
  • De sable coupé d'or, chapé, chaussé de l'un en l'autre •.

Jean ANDRÉ , marc.ᵈ , bourg.ˢ de la ville de Carcassonne.
  • De sinople à un triangle d'argent •.

Jean BRETEREN , conseiller du Roy , maire perpétuel du lieu de Villesequelande.
  • D'or à un cheuron d'azur et un chef de même •.

N... ESCARAGUEL , prêtre . curé de la paroisse Darquettes.
  • D'or taillé de gueules •.

François De JEAN , marchand, bourg.ˢ de la ville de Carcassonne.
  • D'or à un pal flamboyant de sinople •.

N... BORNE , notaire à Carcassonne.
  • Palé, contre-palé de six pièces d'or et de sable •.

N... ANDUZE , docteur en médecine à Carcassonne.
  • D'argent à un cheuron brisé d'azur •.

Jean AUSSENAC , cons.ᵉʳ du Roy , son procureur en la Viguerie de Carcassonne.
  • D'argent à un pal de gueules acosté de deux lozanges de même •.

N... DELAPORTE , conseiller, magistrat au pré.ᵃˡ de Carcassonne.
  • Tranché, emmanché d'argent et de sinople •.

La Com.ᵗᵉ des hans du lieu de Villelier.
  • D'argent à deux barres de sable et un chef de même •.

N... HUC , marc.ᵈ , bourg.ˢ du lieu de Fraisse.
  • D'azur écartelé d'or à une croix de l'une en l'autre •.

N... De VILLEMBERT , curé de Pradelles.
  • D'azur à une anile d'argent •.

La Com.ᵗᵉ des hans du lieu de Villedubert.
  • De gueules à une bande componnée d'or et d'azur •.

N... HUGUES , procureur au Senechal de Carcassonne.
  • De gueules à une croix alaizée d'argent •.

Paul De BONNEFOY , bourgeois de la ville de Carcassonne.
  • De sinople à un franc-quartier d'or •.

La Com.^{té} des hans du lieu de Voisins.

• De sinople à trois billettes d'argent posées en pal •.

N..., Ve de N... CAICH , bourgeois de la ville de Carcassonne.

• De sable mantelé d'or •.

Vincent ROBERT , bourgeois du lieu de Fonties.

• De sable taillé, nuagé d'argent •.

La Ville et Cité de Carcassonne.

Porte : • D'azur semé de fleurs de lis d'or, à un grand mur de même massonné de sable, derrière trois tours rondes pauillonnées aussi d'or et massonnées de sable, celle du milieu plus grosse que les deux autres aiant une grande porte ou arcade sur laquelle il y a un agneau pascal d'argent •.

La Com.^{té} des hans du lieu de Villegaillenc.

Porte : • D'azur à une rose d'argent, une cotice de gueules brochante sur le tout, et un chef bandé d'argent et d'azur de six pièces •.

Antoine De MONTLAUR , cons.^{er} du Roy , juge et vérifficateur des deffauts en la Viguerie de Carcassonne.

Porte : • D'argent à une montagne de sable surmontée d'un laurier de sinople et un chef d'azur chargé de trois étoiles d'or •.

Antoine MAUREL.

Porte : • D'or à un cheuron d'azur acompagné de deux roses de gueules en chef surmontées d'un œil de même, et en pointe d'une tête de more de sable posée de profil •.

N... MALUES , chanoine de l'église catédralle de Carcassonne.

Porte : • D'or à un cheuron de sable acompagné de trois mameios de gueules, tigées, enfeuillées de sinople, posées deux en chef et une en pointe •.

Jean-Jaque TIFFON SAINT-SAUVEUR.

Porte : • D'azur à un chef d'hermines •.

Guillaume De PRUEL , seigneur de Palaja.

Porte : • D'azur à trois épées d'argent les gardes et poignées d'or, posées en pal et en sautoir, les pointes en bas •.

Guillaume De CALMES , seigneur de Barbeiran.

Porte : • De gueules à trois batons écotez d'or posés en pal 2 et 1, et un chef cousu d'azur chargé de trois étoiles d'argent •.

Jean BOUCARD , bourg.^e de la ville de Carcassonne.

Porte : • D'argent à un bouc de sable acorné, barbé, et onglé d'or, broutant et rampant sur un arbre de sinople posé au flanc dextre de l'écu, le tout sur une terrase de sinople •.

Henry TOURRON , bourgeois de la ville de Carcassonne.

Porte : • D'azur à une tour crenelée d'argent, massonnée de sable, acostée de deux lions affrontez d'or, le tout sur une terrasse de sinople et surmonté d'un besan d'argent acosté de deux étoiles d'or •.

Jean De CELLES , sieur de Parasols.

Porte : • D'azur à trois molettes d'or , posées deux et une •.

Jean LA ROSE , notaire à Carcassonne.

Porte : • De gueules à un cheuron d'or acompagné de trois roses d'argent, deux en chef et une en pointe •.

N... ALBIGES , chatelain de Montréal.

• Tiercé en bande d'argent, d'azur et d'or •.

N... SALUY , marchand à Montréal.

• Tiercé en barre d'argent , de gueules et d'or •.

Louis-Joseph ADEIMAR DEMONTEILS de GRIGNAN , con.er du Roy en tous ses con.ls, euêque de

Porte : • Écartelé au 1er d'or à trois bandes d'azur ; au 2me de gueulle à un chasteau d'or massonné de sable, donjonné de trois tours de même ; au 3me de gueulle à un lion d'argent et un franc-quartier d'hermines ; au 4me de gueulle à une croix alaizée d'or, cantonnée de quatre quintes-feuilles de même.

L'Abbaye de Saint-Hilaire.

Porte : • De gueulle à un demy vol d'or •.

Bertand-Jacques FOURNIER , bourgeois de Carcassonne.

Porte : • De gueulle à deux bources fermées d'or auec ses pendans de même , accompagnées en pointe d'un demy vol d'argent , et un chef d'azur chargé de trois estoilles d'or •.

Pierre De MAUREL , seig.r d'Aragon.

Porte : • D'azur à un cheuron d'or accompagné de 3 molettes de même •.

Jean Jacques VIDAL , con.er du Roy, son proc.r de la Ville et Communauté de Carcassonne.

Porte : • D'argent à un cheuron de gueulle, accompagné en chef de deux croissants de même et en pointe d'un griffon de sable et un chef d'azur chargé d'un croissant d'argent acosté de deux estoilles de même •.

Guillaume De FONTAINE , seig.r de Roustiques.

Porte : • D'azur à trois bandes d'or et un chef d'hermines •.

Louis De FONTAINE , seig.r de Caunes.

Porte de même.

Henry De NIGRY, prestre et chanoine de l'église cathédralle de Carcassonne.

Porte : « D'azur à trois redortes d'or posées en pal, chacune passée quatre fois en sautoir et faites d'une seule corde ».

Pierre De MAIREUILLE, prestre, chanoine en lad.e église.

Porte : « Pallé d'or et de gueules de six pièces ».

Scipion De VOISINS LA BERNEDE.

Porte : « D'argent à trois fusées de gueulle rangées en fasse ».

Pierre De SAPTE.

Porte : « D'azur à trois bandes d'or, écartelé d'or à une tour de gueulle ».

Pierre De ROUX MOMBEL, sindic gén.l de la prouince de Languedoc.

Porte : « De gueulle à six mouchetures d'hermine d'argent posées trois, deux et une ».

Armand FARGUES, con.er du Roy, assess.r en la ville de Montréal.

Porte : « D'argent à un pin de sinople posé sur une motte de même et fruitté d'or ».

Jean RIGAUD, auocat à Carcassonne.

Porte : « D'azur à une face d'argent accompagnée de 3 mollettes d'or ».

Jean-Paul RIGAUD, citoyen de Carcassonne.

Porte de même.

Jacques DELOM, seigneur de Roquefort.

Porte : « De sable à un ormeau d'or posé sur trois rochers d'argent ».

François De NIGRI, seig.r Dhuniac.

Porte : « D'azur à trois redortes d'or, chacune passée quatre fois en sautoir, rangées en pal et faites d'une seulle corde ».

Jacques BLANC, con.er du Roy, assesseur en l'Hostel de Ville de Montréal.

Porte : « D'azur à un cigne d'argent becqué et membré de sable, à un chef cousu de gueules chargé d'une estoille d'or, accostée d'un J et d'un B de même ».

La Ville de Montréal.

Porte : « De gueulle à une esquille ou oignon marin d'or, feuillé de même, couronné d'une couronne impérialle de France ».

Jean PERDIGON, aduocat.

Porte : « De gueules à trois bandes d'argent et un chef cousu d'azur chargé de trois mollettes d'or ».

HENRY DE BELISSEND, seig.^r Dhermines-Lalande.

Porte : « D'azur à trois bourdons d'argent posés en pal et un chef cousu de gueule chargé de trois coquilles d'or ».

PIERRE-BLAISE DE MARESCOT, seig.^r du Vila et de La Bastide.

Porte : « D'azur à trois coqs d'or, becqués, crettés et barbés de gueule, deux en chef affrontés et un en pointe ».

PIERRE-FRANÇOIS DE DUMAS DE GARDIE.

Porte : « D'azur à un cheuron d'or accompagné de trois estoiiles de même, deux en chef et une en pointe, écartelé d'or à une tour de gueule massonnée de sable ».

JEAN-DOMINIQUE MAS, aduocat.

Porte : « De gueule à une tour d'or massonnée de sable et un chef cousu d'azur chargé de trois estoilles d'or ».

GABRIELLE DE DUMAS, V^e d'Antoine Mas.

Porte : « De gueule à une tour d'or massonnée de sable, senestrée d'un pin d'or, et un chef cousn d'azur chargé de trois croissans d'or ».

GUILLAUME DE BELISSEND, seig.^r de St-Gougat et Millegran.

Porte : « D'azur à trois bourdons d'argent posés en pal, et un chef cousu de gueule chargé de trois coquilles ».

ÉTIENNE DE FOUCAUD, s^r de Caliauel.

Porte : « D'azur à un lion d'or et un chef de même chargé de trois mollettes de sable ».

L'ABBAYE DE LA GRASSE.

Porte : « D'or à trois bandes de sable chargées chacune d'une estoille d'argent posées en barre ».

JEAN-FRANÇOIS DE CASTEL, s^r de Pechalibert.

Porte : « D'azur à une tour donjonnée de trois tourrelles d'argent massonnées de sable ».

JACQUES-SCIPION DE GALLET, cy-deu.^t cap.^{ne} au régiment de la marine, maire perpétuel de Ste-Eulalie.

Porte : « D'azur à une demy croix de St-André d'or accompagnée d'une estoille de même au canton senestre du chef ».

GUILLAUME DAUTERIUE.

Porte : « D'or à une bande de gueule et un chef d'azur chargé de trois estoilles d'or ».

PIERRE-ANTOINE DE ST-MARTIN, seig.^r dud. lieu, juge criminel au Senechal de Carcassonne.

Porte : « D'azur à un roc d'échiquier d'or ».

PIERRE-FRANÇOIS DUCUP, seig.r de Saluasa.

Porte : « D'azur à une bande d'or accompagnée de deux estoilles de même ».

ISABEAU DE SOLEIGES, Vᵉ d'ARNAUD RIGAUD.

Porte : « D'azur à une fasse d'argent accompagnée de 3 mollettes d'or ».

ANTOINE JULIEN, cy-deu.t cap.ne d'infanterie.

Porte : « D'azur à une gerbe d'or écartelée de gueules à trois fasses d'or ».

ESTIENNE DE NIGRI, seig.r de Vilarsens.

Porte : « D'azur à trois redortes d'or posées en pal, chacune passée quatre fois en sautoir et touttes trois faittes d'une même corde ».

FRANÇOIS BENET.

Porte : « De gueules à un lion d'or et un chef chargé d'un croissant d'or acosté de deux estoilles d'argent ».

CHARLES-ALEXANDRE DE CHARMOY, collonel des milices de Carcassonne.

Porte : « Parti au 1er d'azur à trois épies de bled d'or tigés et feuillés de même, 2 et 1, et en chef une croisette d'argent ; au second, coupé au 1er d'azur à une croix d'or cantonnée de quatre croisettes de même, quatre à chaque canton du chef et trois à chaque canton de la pointe, au 2me du coupé d'azur à un cheuron d'or accompagné de trois fers de dards les pointes en bas ».

PIERRE MARRAGON.

Porte : « D'azur à un lion d'or armé et lampassé de gueulle, accompagné de trois estoilles d'or, deux en chef et une en pointe ».

FRANÇOIS RIUALZ, con.er du Roy et receueur des tailles et des décimes du diocèse de Carcassonne.

Porte : « D'argent à un lion de gueulle lampassé et armé de même, rampant sur le riuage au bord d'une montagne de sinople, mouuant du costé dextre de l'écu et senestré d'un pin aussi de sinople ».

JEAN-ANTOINE DEFOQUAUD, ad.t

Porte : « De gueulle à trois croix de Malthe d'argent, chacune pommelée aux quatre bouts de même et posées deux et une ».

PIERRE DUBUISSON, ad.t

Porte : « D'argent à un buisson de sinople sur un tertre de même et un chef d'azur chargé de trois estoilles d'or ».

PIERRE DAUID, marchand à Carcassonne.

Pote : « D'azur à une harpe d'or cordée de même et un chef cousu de gueule chargé de trois estoilles d'or ».

Pierre De GALLET, cap.ne au régim.t de Persan, conseigneur de Villeneuue au Chemin, en Champagne.

Porte : « D'azur à une demy croix de St-André d'or, accompagnée en chef d'une estoille d'or posée au second canton ».

Barthelemy De PECH, con.er du Roy et magistrat au pré.al de Carcassonne.

Porte : « D'or à un pin de sinople accosté de deux rejetons sur un tertre de même, et un chef de gueulle chargé d'un croissant d'argent accosté de deux mollettes d'or, écartelé d'azur à trois flammes d'or, deux et une, et en chef une estoille d'or ».

Joseph DALVERNY, s.r de la Palme.

Porte : « De gueulle à un cheuron d'or et un chef aussy d'or ».

DELASSET, s.r de Gaja.

Porte : « De gueulle à un lion d'or ».

Germain RIUALZ, con.er du Roy, assesseur en l'Hostel de Ville de Carcassonne.

Porte : « D'argent à un lion de gueulle rampant contre le riuage au bord d'une montagne mouuante du costé dextre de l'écu de sinople et senestré d'un pin de même ».

Guillaume CASTANIER, cons.er honoraire au Senéchal et siége présidial de Carcassonne.

Porte : « D'argent au chaitaignier de sinople et un chef d'azur chargé d'un croissant d'argent accosté de deux estoilles d'or ».

Pierre FRAISSÉ, bourgeois de Carcassonne.

Porte : « D'argent à un fresne de sinople et un chef d'azur chargé de trois estoilles d'or ».

Jean-Vitalis De POUSSONNET, con.er du Roy et con.er gén.al des finances en la généralité de Toulouse.

Porte : « D'azur à un héliotrope en pal d'or surmonté d'un soleil de même ».

Jacques DALQUIER, antien cap.ne

Porte : « D'azur à deux lions affrontés d'or soutenant un cœur d'argent, et un chef cousu de gueulle chargé de trois estoilles d'or ».

Pierre TEISSEIRÉ, marchand à Carcassonne.

Porte : « D'argent à une croix de gueulle à double trauerse formant un 4 de chiffre, accosté en pointe d'un P et d'un T de même ».

François MALHOL, marchand à Carcassonne.

Porte : « D'argent à trois sarmens de vigne au naturel, feuillés de sinople, posés en pal sur une motte de même, et un chef d'azur chargé d'un soleil d'or ».

ANDRÉ DE PECH, con.er du Roy et son recev.r des décimes au diocèse de Carcassonne.

Porte : « D'or à un pin accosté de deux autres petits pins de sinople sur un tertre de même, et un chef de gueulle chargé de deux mollettes d'or ».

JEAN PIGNOL, marchand à Carcassonne.

Porte : « D'argent à un pin de sinople sur une terrasse de même, accosté de deux pies d'or becquées et membrées de sable, ayant chacune un pied leué et apuyé contre le pied de l'arbre, et un chef d'azur chargé d'un croissant d'argent entre deux estoilles d'or ».

JEAN LA ROSE, m.e chirurgien de Carcassonne.

Porte : « De gueulle à un cheuron d'or accompagné de trois roses d'argent, deux en chef et une en pointe, et un chef cousu d'azur chargé d'un croissant d'argent accosté de deux estoilles d'or ».

DE CALMEL, con er du Roy au pré.al de Carcassonne.

Porte : « D'azur à un chien couché d'argent sur une motte de sinople, et un chef de gueulle chargé d'un croissant d'argent acosté de deux estoilles d'or ».

RAYMOND DON, marchand à Carcassonne.

Porte : « D'azur à un cheuron d'argent accompagné en pointe d'une cloche de même, et un chef cousu de gueulle chargé d'un croissant d'argent accosté de deux estoilles d'or ».

JEAN JALABERT, m.e boulanger à Carcassonne.

Porte : « D'azur à une pelle de four à longue queue d'or posée en-pal, chargée de deux pains de gueulle et acostée en chef de deux estoilles d'or et en en pointe d'une S et d'un J de même ».

GERMAIN JARLA, bourgeois de Carcassonne.

Porte : « D'azur à une face d'or rehaussée, accompagnée en chef d'un croissant d'argent acosté de deux estoilles, et en pointe d'un pelican contourné becquetant son estomach d'argent et ayant deuant luy trois petits pelicans la teste leuée, de même ».

JEAN CASABAN, marchand à Carcassonne.

Porte : « D'azur à un chien courant d'argent sur une motte de sinople et un chef cousu de gueulle chargé de trois estoilles d'or ».

JEAN DEGUA, marchand drapier à Carcassonne.

Porte : « De gueulle à un cheuron d'or accompagné en pointe d'un poisson d'argent naissant d'une riuière de même ».

FRANÇOIS DELAUR, s.r de Marmorières.

Porte : « D'argent à un laurier de sinople sur un tertre de même, soutenu par deux lions affrontés de gueulle et un chef d'azur chargé de deux estoilles d'argent ».

Jean De NIGRY, s.^r de St-Estèbe.

Porte « D'azur à trois redortes d'or posées en pal , chacune passée quatre fois en sautoir et faites d'une seulle corde ».

De LA SELUE, ch ^{ne} et doyen de l'église catedralle de Carcassonne.

Porte : « D'argent à un lion de gueulle ».

Gabriel DUPAC, seig.^r de Badens.

Porte : « D'or à un chesne de sinoples sur un tertre de même et une vache de gueulle clarinée d'argent passante devant l'arbre ».

Charles De LA CROIX, m.^e chirurgien à Carcassonne.

Porte : « D'azur à une croix alaisée d'argent , cantonnée en chef de deux estoilles et en pointe de deux roses de même ».

Guillaume CASTANIER, con.^{er} du Roy, maire de la ville de Montréal.

Porte : « D'argent à un chataignier de sinople et un chef d'azur chargé d'un croissant d'argent acosté de deux estoilles d'or ».

Vincent FORNIER, viguier et juge de Carcassonne.

Porte : « D'azur à trois bandes d'argent , celle du milieu chargée de trois roses de gueulle ».

Antoine CATHALA, marchand à Carcassonne.

Porte : « D'azur à un chien passant d'argent sur une motte de même chargée d'une rose d'argent mouuante de la pointe de l'écu , et un chef cousu de gueulle chargé de trois estoilles d'or ».

Marc-Antoine De PELLETIER, s.^r Duclaux.

Porte : « D'argent à un pin de sinople acosté de deux croissans d'azur et soutenu d'un autre croissant de même , et un chef aussy d'azur chargé de trois coquilles d'argent ».

Jean-Paul SOLAIGES LAMÉE, seigneur de Tresbes.

Porte : « D'azur à trois flames d'argent deux et une , et en chef une estoille d'or , et une bordure componnée d'argent et de gueulle ».

Bertrand FORNIER, docteur et ad.^t

Porte : « De gueulle à deux demy vols d'argent , accompagné en pointe d'une bource fermée d'or auec ses pendans de même , et un chef cousu d'azur chargé de trois estoilles d'or ».

Sébastien MONTANIER, con.^{er} du Roy et assesseur de Carcassonne.

Porte : « D'azur à une montagne d'argent , et un chef cousu de gueulle chargé d'un croissant d'argent acosté de deux estoilles d'or ».

Gabriel De CALMÉS, s.^r de Fonsegriue.

Porte : « De gueules à trois chicots d'argent posés en pal deux et un , et un chef cousu d'azur chargé de trois estoilles d'argent ».

Joseph-Vincent De MURAT , con.er du Roy , présid.t en la Senechaussée et siége pré.al de Carcassonne.

Porte : « d'azur à une bande d'or accompagnée de 2 croissants d'argent ».

Gabriel DALIBERT , seig.r de Villemoustaussou.

Porte : « D'azur à une bande alaisée de gueulle chargée de trois croisettes d'argent , surmontées d'un cheuron deffaillant à dextre d'or accompagné de sept estoilles de même, trois rangées en chef et quatre au-dessous du cheuron posées en croix , et un cocq d'or au-dessous de la bande vers le costé dextre de l'écu ».

Le Chapitre de l'église Collégialle de Montréal.

Porte : « De gueulle à un saint Vincent de earnation , ses cheueux d'or, vestu d'une aube d'argent et d'une dalmatique d'or , posé debout sur une motte de sable et tenant à sa main dextre une palme de sinople et de sa senestre un gril d'argent apuyé contre la motte , l'écu auec une bordure d'argent chargée de sept légendes en caractères de sable : *Sigillum venerabilis Capituli Montis Regalis* ».

Jean VIUÉS , bourgeois de Carcassonne.

Porte : « De gueulle à un pelican d'argent becqué et membré de sable , becquetant son estomach ».

Jean-François DEMAITRE , con.er et ad.t du Roy au pré.al et senechal de Carcassonne.

Porte : « D'azur à un cheuron alaizé d'or apuyé sur deux estoilles d'argent et accompagné de trois rocs d'échiquier de même ».

Résumé du bureau de Carcassonne.

Nombre de Personnes......................	281 articles.
Abbayes ; Chapitres ; Communautés ; Communes ; Corporations ; Villes................	139 articles.
Total.............	420 articles.

Bureau de Castelnaudary.

ANTOINE DU CUP , esc.er , lieut.t général et juge mage de la senechaussée de Lauragois , maire perpétuel de la ville de Castelnaudary.

Porte : « D'azur à une bande d'or accompagnée de deux étoiles de même ».

JAQUES DE BAREILLES , con.er du Roy, receueur des tailles et de
l'Armorial du diocèse de St-Papoul.

Porte : « De gueules à un chevron d'argent accompagné en chef de deux
roses d'or et en pointe un lion de même ».

JEAN BAILOT , avocat au Parlement.

Porte : « De gueules à un lion d'or rampant sur une cotice de même et
un chef d'argent chargé de trois molettes de sable ».

JEAN BAR, notaire et procureur en la seneschaussée de Lauragois.

Porte : « De gueules à trois pals d'argent et une foy d'argent brochant
sur le tout ».

JEAN-FRANÇOIS BORIES , cons.er du Roy, receueur des tailles ,
commissaire aux reveneus du diocèse de St-Papoul.

Porte : « D'azur à deux bandes d'or accompagnées en chef d'un lozange de
même , party d'or à un chevron de gueules accompagné en pointe d'un arbre de sinople et un chef d'azur chargé de deux étoiles d'or ».

JEAN DOMERC , con.er du Roy et magistrat en la seneschaussée
de Lauragois , siége de Castelnaudary.

Porte : « D'azur à un ormeau de sinople soutenu de deux lions affrontés
de gueules ».

ALEXANDRE DE CRUSSOL , seigneur de Montmaur.

Porte : « Facé d'or et de sinople de six pièces ».

PIERRE ROUX , bourgeois de Castelnaudary.

Porte : « De gueules à un rozier d'argent ».

NADAL GROS , bourgeois de Castelnaudary.

Porte : « De gueules à deux étoiles d'or , en chef et en pointe un croissant
d'argent ».

FRANÇOIS DU CUP , s.r de Ricaud.

Porte : « D'azur à une bande d'or accompagnée de deux étoiles de même ,
une en chef et l'autre en pointe ».

Paul DOLMIÈRES, ancien capitoul de Toulouse.

Porte : « D'azur à un nauire flottant d'argent et un chef de gueules chargé de trois étoiles d'or ».

Jean-Jaques FORTANIER.

Porte : « De gueules à un chateau donjonné de trois tours d'argent et un chef d'azur chargé de trois étoiles d'or ».

Pierre De MENARD, con.er du Roy et son aduocat en la sene-chaussée de Lauragois.

Porte : « D'argent à un monde d'azur cintré et croizé d'or, et un chef d'azur chargé de trois besans d'or ».

Jean GERUAIS, bourgeois de Castelnaudary.

Porte : « D'argent à une bande de gueules accompagnée de deux roses de même ».

Pierre De VERNÉS, cons.er en la senechaussée de Lauragois.

Porte : « D'azur à une fleur de safran à trois tiges d'or, et un chef de gueules chargé de trois testes de lyon arrachées d'or ».

Pierre BOREL, maire perpétuel du lieu de Peirens.

Porte : « De sable à un croissant d'argent et un chef d'azur chargé de trois étoiles d'or, écartele d'argent à un pommier de sinople sur lequel est perché un cocu d'or ».

Jean GUIOU, de St-Sernin.

Porte : « D'or à un pal alaizé de sable, sommé d'un croissant d'argent, et un sautoir alaizé de gueules brochant sur le pal ».

Jean-Paul De LANES, conseigneur de La Bastide-d'Ajou.

Porte : « D'azur à un lion d'or lampassé et armé de gueules, parti de gueules à une tour crenelée d'argent surmontée d'un aigle éployé de même, au chef de sinople chargé de de trois toisons d'argent ».

Pierre De RICARD, seig.r de Villenouuette.

Porte . « De gueules à un cheuron d'argent accompagné de trois besans d'or, deux en chef et un en pointe, et un chef cousu d'azur chargé de trois étoiles d'or ».

Jean ESCARGUEL, bourg.e et consul de la ville de Castelnaudary.

Porte : « D'argent à trois tourteaux de sable et un chef de gueules chargé de trois coquilles d'or ».

Pierre LOUBAT, bourgeois de Castelnaudary.

Porte : « D'argent à un loup passant de sable ».

Jaques DRIGET, bourgeois de Castelnaudary.

Porte : « De gueules à trois gerbes d'or liées d'argent, posées 2 et 1 ».

Yves De CAPELLA , aduocat.

Porte : « D'argent à un phenix de gueules sur son immortalité de même, et un chef d'azur chargé de trois étoiles d'or ».

Jean-Paul PRADAL , ancien capitaine dans le régiment Dauphin.

Porte : « D'azur à un tournesol d'or surmonté d'un soleil de même ».

Jean DEFAURE , con.er en la senechaussée de Lauragois à Castelnaudary.

Porte : « De gueules à un arbre d'argent et un chef cousu d'azur chargé de deux étoiles d'or ».

Jean-Baptiste LE ROY , s.r de Laroquette.

Porte : « De gueules à un rocher d'argent et un chef d'azur chargé de trois trèfles d'or ».

N... De DONNADIEU , con.er au presidial de Castelnaudary.

Porte : « De sinople à une main d'argent qui repend de l'encens de même , et un chef d'azur chargé d'un croissant d'or acosté de deux étoiles de même ».

Raimond BALMIER , con.er honoraire en la senechaussée de Lauragois.

Porte : « D'argent à trois faces d'azur chacune chargée de trois besans d'or , et un chef de gueules chargé d'un croissant d'argent acosté de deux étoiles de même ».

Jean-François De FERRAND , con.er du Roy et président en lad.e senechaussée , et conseigneur de Puginier.

Porte : « D'azur à une nuée d'argent mouuante du flanc dextre de l'écu , de laquelle sort un bras senestre de même tenant à la main une branche d'oliuier d'or , la main soutenue d'un croissant d'argent accompagné de trois étoiles d'or , deux en chef et une en pointe ».

Henry LANES , con.er et procurenr du Roy en lad. Senechaussée.

Porte : « De gueules à un faisseau de cinq flèches d'argent les pointes en bas , entortillées d'un serpent de même, et un chef d'azur chargé d'un croissant d'argent acosté de deux étoilles d'or ».

Jean De LATGER .

Porte : « De gueules à un lion d'or et un chef cousu d'azur , chargé d'un cœur d'argent , acosté de deux étoiles de même ».

Jean De FONGARNAUD , capit.ne de la milice bourgeoise de Castelnaudary.

Porte : « De gueules à une fontaine d'argent , et un chef cousu d'azur chargé d'un croissant d'argent acosté de deux étoiles de même ».

Jean-François De MAURICY.

Porte : « Porte d'argent à trois testes de Mores de sable, deux et une, et un chef de gueules chargé d'un croissant d'or entre deux étoiles de même ».

Jeanne De VERNÉS, veuue de Yacinte Gausi.

Porte : « D'azur à un lion d'or surmonté d'une main dextre de même tenant trois flèches aussi d'or, et un chef de gueules chargé d'un croissant d'or acosté de deux étoiles de même ».

Georges MERIC.

Porte : « D'argent à un arbre de sinople tortillé d'un serpent de sable, et un chef de gueules chargé d'un croissant d'argent acosté de deux étoiles d'or ».

Jean De LAUDUN, con.er du Roy et assesseur de l'Hôtel de Ville de Castelnaudary.

Porte : « D'azur à un un sautoir d'or accompagné en chef d'une moucheture d'hermine de même ».

Barthelemy De SOUBEYRAN, con.er du Roy, assesseur de la Maison de Ville de Castelnaudary.

Porte : « D'azur à un cheuron d'argent accompagné de deux lions affrontez d'or, lampassez de gueules, posez un de chaque costé sur le cheuron, et deux roses d'or posées une au dessus du cheuron et l'autre au-dessous, et un chef cousu de gueules chargé de trois étoiles d'or ».

Estienne TAURINES, cons.er du Roy et assesseur de l'Hôtel de Ville de Castelnaudary.

Porte : « D'azur à un taureau d'or ».

André De GUILHERMY, cons.er du Roy en la senechaussée de Lauragois.

Porte : « D'azur à une couleuure d'or entre deux lions affrontez de même, et un chef d'azur chargé d'un croissant d'or acosté de deux étoiles de même ».

Jaques De RAIMOND du CARLA.

Porte : « D'azur à un chien passant d'argent surmonté d'un croissant de même, et un chef de gueules chargé de trois étoiles d'or ».

François DEJEAN.

Porte : « De gueules à un marc d'argent contre lequel rempent deux lions affrontez de même ».

François DAURIOL, s.r de Roubignol.

Porte : « D'argent à un figuier de sinople sur lequel est perché un auriol d'or ».

Antoine FORT, maire perpétuel du lieu de Soulhe.

Porte : « De gueules à un fort d'or et un chef d'azur chargé d'un croissant d'argent »

FRANÇOIS LE ROY , s.r de La Roquette·

Porte : « De gueules à un rocher d'argent et un chef d'azur chargé de trois trèfles d'or ».

ANTOINE GILLIER , docteur en médecine.

Porte : « De sinople à un cheuron d'argent accompagné en pointe d'une rose de même , et un chef d'azur chargé d'un croissant d'argent acosté de deux roses de même ».

JEAN SOULIER , con.er du Roy et assesseur en l'Hôtel de Ville de Castelnaudary.

Porte : « D'azur à deux lions affrontez d'or rempans contre un rocher d'argent surmonté d'un soleil d'or ».

VIDAL RINGAUT , bourgeois.

Porte : « De gueules à un chifre composé des lettres de son nom d'or et un chef d'azur chargé d'un croissant d'argent acosté de deux étoiles d'or ».

YUES BAILOT DACHER , auocat au Parlement de Toulouze.

Porte : « De gueules à un lion d'or rempant sur une cotice de même et un chef d'argent chargé de trois molettes de sable , parti d'azur à une face alaizée et aiguisée d'or accompagnée en chef de trois étoiles rangées , et en pointe d'un croissant , le tout d'or ».

JEAN DE CAPELLA , con.er du Roy , maire de Laurabuc , habitant de Castelnaudary.

Porte : « D'argent à un fenix sur son immortalité de gueules et un chef d'azur chargé de trois étoiles d'or ».

GRÉGOIRE DE LA FAILLE , maire perpétuel de la ville d'Avignonet.

Porte : « De gueules à un cheuron d'argent et un chef cousu d'azur chargé de trois étoiles d'or ».

JEAN PARDES , maire de La Ginelle.

Porte : « D'azur à un cœur d'or enflamé de gueules surmonté de trois étoiles d'or rangées en chef.

BERTRAND MOLINIER , maire perpétuel de la ville de St-Papoul.

Porte : « D'azur à un cheuron d'argent accompagné en chef de deux fers de moulin alaizés , patez , enchez et ouuerts en lozange d'or , et en pointe d'une meule de moulin de même ».

JAQUES DE GAY.

Porte : « D'azur à une croix d'or , parti de gueules et tiercé d'argent à un jay de sinople , et un chef lozangé d'argent et de gueules ».

FRANÇOIS CABAUSSEL , bourgeois de Castelnaudary.

Porte : « D'azur à une rose d'argent en abisme ».

JEAN-PIERRE FABRE.

Porte : « De gueules à un forgeron de carnation contourné à senestre, habillé d'argent auec des ornemens d'or et des brodequins de même, tenant de sa main dextre éleuée un marteau d'argent et de l'autre tenant des pincettes de même, auec lesquelles il tient une pièce de monnaye d'or apuyée sur une enclume d'argent, le tout accompagné de raies de soleil d'or mouuantes de l'angle senestre du chef ».

JEAN DES ARNAUDS, prestre et chanoine de l'église Cathedrale de Saint-Papoul.

Porte : « D'argent à uue montagne de sinople surmontée de deux arcs-en-ciel au naturel, et un chef d'azur chargé au côté dextre d'un soleil d'or ».

REMOND STADIEU; habitant de Castelnaudary.

Porte : « De gueules à une barre d'or accompagnée en chef d'une colombe d'argent et en pointe d'une rose de même ».

RAIMOND DE MARION LACGER, lieutenant principal au seneschal de Làuragois.

Porte : « D'azur à une mer agitée d'argent sur laquelle est un dauphin nageant de sinople, et un chef de gueules chargé d'une étoile d'argent, l'écu parti de gueules a un lion d'or et un chef d'azur chargé de trois besans d'or ».

JULIEN DE LA CLAUERIE, seigneur de Soupetz.

Porte : « De gueules à trois besans d'or, deux et un, écartelé d'argent à une couronne d'épines de sinople, et sur le tout d'argent à une bande d'azur chargée de trois testes de lions arrachées d'or ».

LE CHAPITRE DE L'ÉGLISE COLLÉGIALLE de Saint-Michel à Castelnaudary.

Porte : « D'azur à un saint Michel d'or foulant aux pieds un démon de même ».

GERMAIN DEJEAN, auocat au Parlement.

Porte : « D'azur à un phenix sur son bucher d'argent regardant un soleil d'or ».

BERNARD DOMERC, con.er du Roy et assesseur de la ville de Castelnaudary.

Porte : « D'argent à un ormeau de sinople soutenu de deux lions effrontez de gueules ».

GEORGES DE CLARAC, s.r de La Ginelle.

Porte : « D'azur à une bande d'argent accompagnée de deux cloches de même, bataillées de sable ».

Yues De SERIGNOL , con.er du Roy et lieutenant criminel en la senechaussée de Lauragois et siége présidial de Castelnaudary, seig.r haut justicier du lieu de Ladern.

Porte d'argent à un olivier de sinople sur une terrasse de même , un taureau de gueules passant au pied de l'arbre , et un chef cousu d'argent séparé par un trait de sable et chargé d'un hidre de gueules » .

Jean ITIER , bourgeois de Castelnaudary.

Porte : « D'azur à un cœur d'argent enflamé de gueules percé de deux flèches passées en sautoir d'argent , acosté de deux I qui sont les premières lettres de son nom et de] son surnom , et soutenu d'un croissant, le tout d'argent , et un chef de même chargé de trois étoiles de gueules.

Jaques FACTIS , con.er du Roy , maire perpétuel du lieu de La Bastide d'Anjou.

Porte : « D'or à un phenix de gueules sur son bucher de même » .

Henry De GAULEIAC de ROGER , seigneur de Ferrals.

Porte : « Parti au premier d'argent parti de gueules , et au second d'azur à un cheuron d'or chargé sur la pointe d'un croissant de gueules , et un chef d'or chargé de trois roses de gueules » .

Jean-Marc De CALOUIN , s.r de Laurion , maire perpétuel du Vilasauary.

Porte : « De gneules à trois roses d'argent , deux et une » .

Arnaud De BAURE , s r Delbosctanqual.

Porte : « D'azur à six mouchetures d'hermines d'argent, posées trois , deux et une , et un chef cousu de gueules chargé d'un lion naissant d'or » .

Jean-Antoine De VIGUIER , s.r de Segadennes.

Porte : « D'or à un palmier de sinople sur une terrasse de même et soutenu de deux lions affrontez de gueules » .

François De RAIMOND , seig.r de Las Bordes , de Meserac , de Pebrens.

Porte : « D'or à trois mondes de gueules croisez et ceintrez de même , et posez deux et un » .

Estienne VILLEROUX.

Porte : « D'argent à un rosier de sinople et un chef d'azur chargé de trois roses d'or » .

Marc-Antoine De MAURY , seigneur Dairoux.

Porte : « D'argent à deux testes de mores de sable, tortillées d'argent, posées en chef , et un rocher de sable mouuant de la pointe de l'écu »

N... De LA TOUR , seigneur de St-Paulet.

Porte : « D'argent à une tour de sable » .

François ANDRASSY.

Porte : « D'or à un chesne de quatre branches passées en sautoir et arrachées de sinople, surmonté d'une étoile de gueules ».

Jean-Paul MANGES, maire perpétuel de la ville de Laurag-le-Grand.

Porte : « D'azur à trois bourdons posez en pal et en sautoir d'argent, accompagnez de deux étoilles en chef, de deux coquilles aux flancs et d'un croissant en pointe, le tout d'argent ».

SUFFRÉ De LASPLANES.

Porte : « D'argent à un cœnr de gueules enflamé de mème, et un chef aussy de gueules chargé d'un croissant d'or acosté de deux étoiles de même ».

Jean-François De PAULO, comte de Calmon, seneschal de Lauragois.

Porte : « De gueules à un paon rouant d'or sur une gerbe de même, et un chef d'azur chargé de trois étoiles d'or, ce chef abaissé sous un autre chef de gueules chargé d'une croix plaine d'argent ».

Jean d'ASSIÉ, auocat.

Porte : « De gueules à une face d'or sommée d'un aigle d'or et soutenue d'an lion d'argent, et un chef cousu d'azur chargé d'un croissant d'or acosté de deux étoiles de même ».

Le Chapitre des Chanoines de la cathedralle de St-Papoul.

Porte : « De gueules à la figure de saint Papoul d'argent, portant une palme de même à sa main gauche ».

Charles DALBUIN, seigneur Descasses.

Porte : « D'azur à une croix d'argent cantonnée de quatre besans de même et chargée sur la branche d'en bas d'un rocher de sable mouuant de la pointe de l'éu ».

Antoine MARTIN, bourgeois de Castelnaudary.

Porte : « D'argent à une mer d'azur en pointe surmontée d'un alcion de sinople ».

Jacques MARTIN, con.er du Roy, maire perpétuel de Pechbusque.

Porte de même.

Guillaume REUILY, bourgeois de Castelnaudary.

« D'azur à deux trangles d'or, le chef chargé d'un soleil de même, acosté de deux nues d'argent mouuantes des angles, la face chargée de 2 mains de carnation, tenant deux épées d'argent passées en sautoir, les gardes et poignées d'or et la pointe chargée d'un nauire d'or ancré de même sur une mer d'argent ».

Jean SUDREGAUZY, con.er du Roy, assesseur et consul de la ville de Castelnaudary.

« De gueules à un arbre d'or et une bande d'azur chargée d'un croissant d'or, acosté de deux étoiles d'argent et brochante sur le tout ».

Jean DE POLASTRE, s.r de St-Vidouc, seig.r de Nogaret, cons.er du Roy, présid.t au Présidial de Castelnaudary, ch.ler, commandeur, et proc.r gén.al de l'ordre du St-Esprit de Montpellier.

Porte : « D'azur à un lion de sable lampassé de gueules ».

La Ville de Castelnaudary.

Porte : « De gueules à une tour d'argent donjonnée de trois tours de même, massonnée de sable, et un chef d'azur chargé de 3 fleurs de lis d'or » .

Le Corps des Officiers de la Senechaussée et Présidial de Lauragois.

Porte : « D'azur à trois fleurs de lis d'or posées deux en chef et une en pointe, entourées d'un cercle d'argent chargé de ces mots en caractères de sable : *Seneschaussée et Présidial de Lauragois* ».

La Com.té des hans du lieu de Molleuille.

Porte : « D'or à un cerf de gueules chargé au pied d'un oliuier de sinople sur une terrasse de même, et un chef d'azur chargé d'une étoile d'argent acostée de deux coquilles d'or ».

La Com.té des hans du lieu de Fourcade.

Porte : « D'argent à un taureau de gueules passant deuant un oliuier de sinople, et un chef cousu d'argent chargé d'un hidre de gueules ».

N.. FORTASSIN, curé de La Bassède.

Porte : « De gueules à une tour d'or enuironnée d'une riuière d'argent ».

Jean ROUGIER, bourg. du lieu d'Escalles.

Porte : « D'argent à un rosier de sinople fleury de trois roses de gueules et naissant d'un croissant de même mis en pointe, à un chef d'azur chargé de trois étoiles d'or ».

Jean-François ROUGIER, s.r de La Barthe.

Porte de même.

Jaques DUCUP, seigneur d'Issel.

Porte : « D'azur à une bande d'or acompagnée de deux étoiles de même, une en chef et une en pointe ».

Marie De LASSAI, Ve de M... de La Roquette Buisson.

Porte : « D'argent à un cheuron brisé de sable, acompagné en chef de deux tresfles de sable ».

Louis De LA ROQUETTE BUISSON.

Porte : « Au 1er d'argent à un lion naissant de sable, coupé d'or à un buisson de sinople ; au 2me d'azur à un roc d'échiquier d'or ; au 3me d'azur à trois coquilles d'or posées 2 et 1 ; et au 4me d'or à deux fasses de gueules ».

Grégoire CALOUIN , seig.r de Montoluies et Treuilles.

Porte : « De gueules à trois roses d'argent posées 2 et 1 ».

Jaques BRAILH.

Porte : « D'azur à deux lièvres d'or courans, l'un sur l'autre ».

La Com.té des hans du lieu de Montferrand.

Porte : « D'azur à un monde d'or et un chef cousu d'azur chargé de trois fleurs de lis d'or ».

Jean De BONAY , s.r de Boureles.

Porte : « D'azur à une bande d'or acompagnée de deux mouches à miel de même volantes en barre, une en chef et une en pointe ».

Pierre Mercier , s.r d'Arbonnens , capit.e de la milice bourgeoise du lieu de Pechsuire,

Porte : « Écartelé au 1er et 4me d'azur à un champ clos d'or ; au 2me et 3me d'argent à une barre de gueules chargée de deux étoiles d'argent ».

Jean De BELAMY . conseiller du Roy, magistrat présidial en la marechaussée de Lauragois , siége de Castelnaudary.

Porte : « D'azur à un cheuron d'or surmonté d'un croissant d'argent et acompagné en chef de deux arbres aussy d'or, et en pointe d'un chien courant de même ».

Gilles CROSE , habitant du lieu de Pechsuire.

Porte : « D'azur à une banderolle d'argent sur une riuière de même, ondée de sinople, l'écu en lozange ».

N... CHRISTOL , habitant du lieu de Pechsuira.

Porte : « D'azur à un lion lampassé de gueules ».

Jean AMBRY , cou.er du Roy, maire de Villepinte.

Porte : « D'azur à une montagne d'or mouuante en la pointe, surmontée de trois étoiles de même rangées en chef ».

Jean-François DUBRUN , s.r de La Salle.

Porte : « D'azur à un lion d'or lampassé de gueules, ayant la patte droite apuiée sur un croissant tourné d'argent, la tête tournée vers un soleil d'or mouuant de l'angle dextre du chef et ayant sur les yeux un ruban de gueules noué derrière la tête et voltigeant sur son dos ».

La Com.té des hans du lieu de St-Jean de Rieumajou.

Porte : « De gueules à un lion d'argent acompagné en chef de deux roses d'or, et en pointe d'un lion de même ».

La Com.^{TÉ} des hans du lieu de Pech St-Pierre.

Porte : « De gueules à un rocher d'argent surmonté d'un saint Pierre d'or la tête environnée d'une gloire aussi d'argent ».

MARIANNE DESCHAMPS, prêtre, bachelier en théologie, curé de Villasauary.

Porte : « D'azur à neuf taissons d'argent, rangés 3, 3 et 3 ».

La Com.^{TÉ} des hans du lieu de Besplas.

Porte : « Écartelé au 1er d'or à un ours debout de sable, lampassé et armé de gueules, acolé d'argent, et tenant dans sa patte dextre une épée de même ; au 2me de gueules à une croix vuidée, cléchée et pommetée d'or ; au 3me d'argent à une truie passante de sable ; et au 4me d'or à trois bandes de gueules et un chef d'or chargé d'un lion naissant de sable, armé de gueules, ce chef soutenu, cousu aussi d'or à trois treffles de sable, et sur le tout d'argent à un lion de gueules ».

FRANÇOIS DE CALOUIN, s.^r de Couloumière.

Porte : « De gueules à trois roses d'argent posées deux en chef et une en pointe ».

JEAN ROUGIER, s.^r de La Roche.

Porte : « D'argent à un rosier de sinople, fleury de trois roses de gueules, une en chef et deux en fasse, le rosier soutenu d'un croissant aussi de gueules posé en pointe, et un chef d'azur chargé de trois étoiles d'or ».

PIERRE-FRAEÇOIS DE RAHOU, seig.^r de Jouaris, conseig.^s et maire du lieu de La Force.

Porte : « De gueules à un cheuron d'argent, acompagné en chef de deux rocs d'échiquier d'or, et en pointe d'uue rose de même, soutenue d'un croissant d'argent, et un chef cousu d'azur chargé de trois étoiles d'or ».

JEAN MARIE, curé d'Issel.

Porte : « D'argent à un chesne de sinople dont le corps est entortillé par un serpent de sable, et un chef de gueules chargé d'un croissant d'argent acosté de deux étoiles d'or ».

La Com.^{TÉ} des hans du lieu de Varagne.

Porte : « Écartelé au 1er d'argent à un lion naissant de sable, lampassé de gueules, coupé d'or à un arbre de sinople ; au 2me d'azur à un roc d'échiquier d'or ; au 3me d'azur à trois coquilles d'or posées 2 et 1 ; et au 4me d'or à trois fasses de gueules ».

GUILLAUME DE CONDOMNIE, con.^{er} du Roy, lieut.^t de la maîtrise des eaux et forests de Castelnaudary.

Porte : « D'azur à trois épis d'or posés en pàl, deux en sautoir et liés ensemble de même, surmonté d'un croissant d'argent acosté de deux étoiles d'or ».

LA COM.TÉ des hans du lieu de Pechsuire.

Porte : « Écartelé au 1er d'or à un ours debout de sable, acolé d'argent, et tenant de sa patte dextre une épée haute de même ; au 2me de gueules à une croix vuidée, clechée et pommetée d'or, chargée d'un lion naissant de sable, lampassé et armé de gueules, ce chef soutenu, cousu aussi d'or, à trois treffles de sable ; au 4me d'argent à une truie de sable, et sur le tout d'argent à un lion de gueules ».

FRANÇOIS D'AURIOL, s.r de Salisses.

Porte : « D'argent à un figuier de sinople, sur lequel est perché un oiseau nommé Auriol, d'or ».

LA COM.TÉ des hans du lieu d'Issel.

Dorte : « D'azur à une bande d'or acostée de deux étoiles de même ».

FRANÇOIS BRUGELES, bourg.s de la ville de Castelnaudary.

Porte : « D'argent à trois mirtres de sinople sur un rocher de sable ».

LA COM.TÉ des hans du lieu de Treuille.

Porte : « De gueules à trois roses d'argent, deux et une ».

JEAN DAUCH, marc.d, bourg.s de la ville de Castelnaudary.

« D'azur à trois bandes d'or et un chef de même ».

LA COM.TÉ des hans du lieu de Puginies.

« D'azur, party d'argent ».

LA COM.TÉ des hans du lieu de La Force.

« De gueules à une billette clechée d'or ».

JEAN BAILLÉ, march.d, bourgeois de la ville de Castelnaudary.

« De gueules à une jumelle d'argent ».

LA COM.TÉ des hans du lieu de Villemagne.

« De sinople à trois lozanges d'or posés deux et un ».

LA COM.TÉ des hans du lieu de La Bastide d'Anjou.

« Fassé, contre-fassé de sinople et d'argent de quatre pièces ».

LA COM.TÉ des hans du lieu de Laual des Cagnals.

» Emmanché de sable et d'or ».

N... VIGUIER, bourgeois du lieu de Villepinte.

« De sable à deux bandes d'argent et un chef de même ».

N... POUREL, lieutenant de juge à Villepinte.

« D'or à une fasse d'azur surmontée de trois quarreaux de même ».

BERNARD BOUREL , bourgeois du lieu de Villepinte.

« Burelé d'or et de gueules ».

MICHEL AMBRY , cons.er du Roy , maire perpétuel du lieu de Villespy.

« D'or écartelé de sinople ».

LA COM.TÉ des hans du lieu d'Escasses.

« D'or à une fasse componnée de sable et d'argent ».

LA COM.TÉ des hans du lieu de Laurabuc.

« D'argent à deux pointes d'azur posées en cheuron ».

LA COM.TÉ des hans du lieu de Verdun.

« D'argent à trois fasses de gueules posées en fasses ».

LA COM.TÉ des hans du lieu de La Ginelle.

« D'argent à deux tourteaux de sinople posés l'un sur l'autre ».

LA COM.TÉ des hans du lieu de Ricaud.

« D'argent à trois billettes couchées de sable , posées en fasse ».

LA COM.TÉ des bans du lieu de Caillabel.

« D'azur, tranché , nuagé d'or ».

LA COM.TÉ des hans du lieu d'Ayrous.

« D'azur à trois pals d'argent et un chef de même ».

LA COM.TÉ des hans du lieu de St-Paulet.

« De gueules coupé d'azur ».

LA COM.TÉ des hans du lieu de Miraual.

« De gueules à un pal couché d'argent ».

LA COM.TÉ des hans du lieu de Villenouuette.

« De sinople à une tierce d'or ».

LA COM.TÉ des hans du lieu de Villeneuue.

« De sinople à uu taisson d'argent ».

LA COM.TÉ des hans du lieu de La Bal des Rousses.

« Palé, contre-palé de sable et d'or de quatre pièces »,

N... RICARD , m.d drapier et bourg.s de la ville de Castelnaudary.

« Party emmanché de sable et d'argent ».

LA COM.TÉ des marchands de la ville de Castelnaudary.

« D'or à une bande d'azur cottoyée de deux cottices de même ».

N... CARNAC , cons.er du Roy , maire perpétuel du lieu de La Bessède.

« D'or palissé de deux pièces et une demye de gueules ».

La Com.^{TÉ} des hans du lieu de Fendeille.

« Cinq points d'or , équipolez à quatre de sinople ».

La Com.^{TÉ} des hans du lieu de Peyrens.

« D'or à un pal componné de sable et d'argent ».

La Com.^{TÉ} des hans du lieu de Graulet.

« D'argent à un crampon d'azur ».

La Com.^{TÉ} des hans du lieu de Montmaur.

« Écartelé en sautoir d'argent et de gueules ».

La Com.^{TÉ} des hans du lieu de Pechbusque.

« D'argent à trois billettes de sinople posées en bande ».

La Com.^{TÉ} des hans de Soupets.

« D'argent coupé de sable , chappé , chaussé de l'un en l'autre ».

La Com.^{TÉ} des hans du lieu de La Bessède.

« D'azur estranglé d'or ».

La Com.^{TÉ} des hans du lieu de Villasauary.

« D'azur à un chevron d'argent et un chef de même ».

La Com.^{TÉ} des hans du lieu de Fouille.

« De gueules taillé d'or ».

La Com.^{TÉ} des hans du lieu de St-Martin.

« De gueules à un pal flamboyant d'argent ».

La Com.^{TÉ} des hans du lieu de Vignouel.

« Palé , contre-palé de sinople et d'or de six pièces ».

FRANÇOIS DE BERTRAND , seigneur de Molleuille.

Porte : « D'or à un cerf de gueules couché au pied d'un olivier de sinople , et un chef d'azur chargé d'une étoile d'argent , acostée de deux coquilles d'or ».

LA COMMUNAUTÉ DES RELIGIEUSES du monastère et prieuré roïal de Puilaurens.

Porte : « De gueules à deux chevrons contre-pointez d'or , acompagnez en pointe d'une croix longue potencée de même , sur une terrasse aussi d'or , et un chef d'azur chargé de trois fleurs de lis d'or ».

La Com.^{TÉ} des hans du lieu de Villepinte.

Porte : « De gueules à un peigne d'or posé en fasse ».

JAQUE DE LORDAT , seigneur et baron de Bram , subdélégué de M^{rs} les Maréchaux de France.

Porte : « D'or à une croix de gueules ».

JEAN DE CAUSSIDIÈRES, habitant du lieu de Montjard, lieutenant des milices bourgeoises d'Arfons.

Porte : « D'argent à une tige de chardon de sinople, sur une terrasse de même, contre laquelle tige rampent deux lezards affrontés de sinople, entre trois linottes de sable posées une en chef et deux en fasse sur le feuillage, en bequetant le chardon ».

N... DE PAULO, sieur de Saint-Marcel.

Porte . « De gueules à une gerbe d'or liée de même mise en pal, surmontée d'un pan rouant d'or et un chef d'azur chargé de trois étoiles d'or ».

N... DE MONESTROL DE DURAN, femme de N. de Paulo, s.r de Saint-Marcel.

Porte ; « Écartelé au 1er et 4me de gueules à un aigle d'or le vol étendu ; au deuxième et troisième d'or à un cerf de sable rampant, et une bande d'azur chargée de trois étoiles d'or et brochante sur le tout ».

BARTELEMY DE LAURENS, seigneur de Castelet, conseigneur de Puginier.

Porte : « De gueules à trois coquilles d'argent, posées deux en chef et une en pointe.

N.... CALBET, sieur des Andibats, bourgeois de la ville de Toulouse.

Porte : « D'or à six corneilles de sable rangées en fasse, 3 et 3 ».

Résumé du Bureau de Castelnaudary.

Nombre de personnes......................	125 articles.
Abbayes ; Chapitres ; Communautés ; Communes ; Corporations ; Villes..............	43 articles.
Total..............	168 articles.

Bureau de Limoux.

N... DE LINAS , prêtre , recteur de Gramasie.

Porte : « D'azur à un dain passant d'or, sommé et onglé d'argent , et un chef cousu de gueules chargé d'une couronne , muralé d'or ».

FRANÇOIS DE PEYRE , seig.ʳ de Malrais et Montgaillard.

Porte : « Party au 1ᵉʳ d'argent à un rocher de sable acosté de deux lions affrontez de même rampant contre le rocher , et au 2ᵐᵉ d'azur à une gerbe de bled d'or ».

BERTHELEMY D'HELIE , seig.ʳ de St-André.

Porte : « D'azur à trois truites d'argent tachées de sable , posées en fasse l'une sur l'autre ».

GUILLAUME RIGAL , prêtre , curé de Castelreng.

« De sinople à un chevron brisé d'argent ».

N... FABRE , prêtre , curé de Caillau.

« De sable à un pal d'or acosté de deux lozanges de même ».

N... APOSTOLY , prêtre , curé de Lasserre.

« Tranché , emmanché de sable et d'argent .

N... BATAILLE , bourg.ˢ de la ville de Limoux.

« D'or à deux barres d'azur et au chef de même ».

GUILLAUME BATAILLE , prêtre , curé de La Courts.

« D'or écartelé de gueules à une croix de l'un en l'autre ».

N... MAZAS , prêtre , curé de Caillabel.

« D'or à une anile de sinople ».

N... MOUREAU , prêtre , curé de Lauraguel.

« D'or à une bande componnée de sable et d'argent ».

GUILLAUME LA CASSAIGNE , prêtre , curé de la parroisse de Villemartin.

« D'argent à une croix alaizée d'azur ».

ARNAUD GAIGNAC , archiprêtre et curé de Piusse.

« D'Argent à un franc quartier de gueules ».

N... PEGURRE , prêtre , curé du lieu de St-Martin.

« D'argent à trois billettes de sinople posées en pal ».

N... PLANGROR , prêtre , curé de Roulens.

« D'argent mantelé de sable ».

La Com.^{TÉ} des hans du lieu de Malras.

« D'argent taillé , nuagé d'or ».

La Com.^{TÉ} des hans du lieu de Cailleau.

« D'azur à un pal bretessé d'argent ».

N... COMBES , bourg.^s du lieu de Cailleau.

« De gueules tranché d'or ».

La Com.^{TÉ} des hans du lieu de Tournems (?).

« De gueules à une fasse d'argent acompagnée de deux lozanges de même, posés un en chef et un en pointe ».

La Com.^{TÉ} des hans du lieu de La Serre.

« Fassé , contre-fassé de sinople et d'or de six pièces ».

La Com.^{TÉ} des hans du lieu de Caillabel.

« De sinople à une hamaïdé d'argent ».

La Com.^{TÉ} des hans du lieu de Serran.

« Palissé en fasse de sable et d'or de six pièces ».

N... BOURGUENY , prêtre , curé de Mazerolles.

« Taillé , emmanché de sable et d'argent ».

Jaques THOMAS , prêtre , curé de Cambieure.

« D'or à deux pals d'azur et un chef de même ».

N... SALS , prêtre , curé de Bresilhac.

« D'or à un cheuron rompu de gueules ».

La Com.^{TÉ} des hans du lieu de Bresilhac.

« D'or à une bordure de sinople ».

N... ABRANT , prêtre , curé de Clermont.

« D'or à une barre componnée de sable et d'argent ».

N... IMBERT , prêtre , curé de Belcastel.

« D'argent à une croix haussée d'azur ».

N... LAFILLE , prêtre , curé d'Ajac.

« D'argent à une larme de gueules ».

N... De CAILHABEL (Dame).

« D'argent à trois billettes de sinople posées en barre ».

N... JOULIA , prêtre , curé de la paroisse de Sepie.

« D'argent à un orle de sable ».

N... CASSAING , prêtre , curé de Villardebelle.

« D'azur, party d'or à une bande de l'un en l'autre ».

N... CAUSSADE , prêtre , curé de Belbezé.

« D'azur à trois bandes d'argent et un chef de même ».

Antoine MARTIN , prêtre , curé de Villelongue.

« De gueulles party d'or ».

La Com.^{té} des hans du lieu de St-Martin.

« De sinople à une jumelle d'or ».

N... De MAZEROLLES , seigneur du dit.

« De sinople à trois lozanges d'argent posés deux et un ».

N... GASC , prêtre , curé de Maluies.

« Fassé , contre-fassé de sable et d'or de quatre pièces ».

N... VALLEM , prêtre , curé de Villa.

« Emmanché de sable et d'argent ».

La Com.^{té} des hans du lieu de Maluices.

« D'or à deux bandes d'azur et un chef de même ».

La Com.^{té} des hans du lieu de Sepui.

« D'or à une fasse de gueules surmontée de trois quarreaux de même ».

N... De LA MOTTE de Cambieure (Dame).

« Burelé d'or et de sinople ».

Jean HULLEAN , prêtre , curé de Missègre.

« D'or écartelé de sable ».

Marc-Antoine De GARRAUD , s.^r de La Bastide.

« D'argent à une fasse componnée d'azur et d'or ».

N... DESBEAUX , marc.^d, bourg.^s de la ville de Limoux.

« D'argent à deux pointes de gueules posées en cheuron ».

Bertrand BISQUAYS , marc.^d, bourg.^s de la ville de Limoux.

« D'argent à trois fasses de sinople posées en fasse ».

N... CLERCY , prêtre , curé de Villarzel.

« D'argent à deux tourteaux de sable posés l'un sur l'autre ».

Étienne BOIRE , march.^d, bourg.^s de la ville de Limoux.

« D'argent à trois billettes couchées d'or, posées en fasse ».

Jaque CLOTTES , march.^d, bourg.^s de la ville de Limoux.

« D'azur, tranché, nuagé d'argent ».

N... ANDRIEU , prêtre , curé de Bellengard.

« De gueules à trois pals d'or et un chef de même ».

N... BOSC , prêtre , curé de la paroisse de Peyrefitte.
« De gueules coupé d'argent ».

La Com.ᵀᴱ des hans du lieu de Routier.
« De sinople à un pal cometé d'or ».

La Com..ᵀᴱ des hans du lieu de Villarzel.
« De sinople à une tierce d'argent ».

N... , Dame de Villarzel.
« De sable à un écusson d'or ».

La Communauté des maitres boullangers de la ville de Limoux.
« Porte, contre-pallé de sable et d'argent de quatre pièces ».

N... PORTES , prêtre , curé de Gaja.
« Porte emmanché d'or et d'azur ».

N... FORES , prêtre , curé de la paroisse de Pauligne.
« D'or à une bande de gueules cotoyée de deux cotices de même ».

N... FORES , prêtre , curé de la paroisse de Pauligne.
« D'or à une bande de gueules cotoyée de deux cotices de même ».

Pierre ROBERT , curé de Loupia.
« D'or palissé de deux pièces et une demye de sinople ».

La Communauté des Menuisiers de la ville de Limoux.
« Cinq points d'or équipolés à quatre de sable ».

La Com.ᵀᴱ des hans du lieu de Montaut.
« D'argent à un pal componné d'azur et d'or »,

La Comᵀᴱ des hans du lieu de Cambieure.
« D'argent à un crampon de gueules ».

La Communauté des Tailleurs d'habits de la ville de Limoux.
« Écartelé en sautoir d'argent et de sinople ».

La Com.ᵀᴱ des hans du lieu de La Digne de bas.
« D'argent à trois billettes de sable posées en hande ».

François TISSEYRÉ , marc.ᵈ , bourgeois de la ville de Limoux.
« D'azur coupé d'or , chapé, chaussé de l'un en l'autre ».

Bernard GIEULLES , mar.ᵈ , bourgeois de la ville de Limoux.
« D'azur à un triangle d'argent ».

N... BOYÉ SAUUAGE , marchand à Limoux.
« De gueules à un cheuron d'or et un chef de même »,

La Com.ᵀᴱ des hans du lieu de Magrie.
« De gueules taillé d'argent ».

La Com.^{té} des hans du lieu de Pauligue.

« De sinople à un pal flamboyant d'or ».

La Com.^{té} des hans du lieu de Pech Salamon.

« Pallé, contre-pallé de six pièces de sinople et d'argent ».

La Communauté des maistres cordonniers de Limoux.

« De sable à un cheuron brisé d'or ».

La Com.^{té} des hans du lieu de Loupia.

« De sable à un pal d'argent acosté de deux lozanges de même ».

La Com.^{té} des hans du lieu de Montgaillard.

« Tranché, emmanché d'or et d'azur ».

La Com.^{té} des hans du lieu d'Ajac.

« D'or à deux barres de gueules et un chef de même ».

La Com.^{té} des hans du lieu de Lauraguel.

« D'or écartelé de sinople à une croix de l'un en l'autre ».

La Com.^{té} des hans du lieu de St-Policarpe.

« D'or à un anile de sable ».

Jean BREU, marchand, bourgeois de la ville de Limoux.

« D'argent à une bande componnée d'azur et d'or ».

La Com.^{té} des hans du lieu de Peyrefitte.

« D'argent à une croix alaisée de gueules ».

La Com.^{té} des hans du lieu de La Digne Damont.

« D'argent à un franc-quartier de sinople ».

La Com.^{té} des hans du lieu de Missègre.

« D'argent à trois billettes de sable posées en pal ».

Antoine VACQUIER, prêtre, curé d'Hounoux.

« D'azur mantelé d'or ».

La Com.^{té} des hans du lieu de Castelreng.

« D'azur taillé, nuagé d'argent ».

La Com.^{té} des hans du lieu de Villardebelle.

« De gueules à un pal bretessé d'or ».

N... FONTAZELNE, con.^{er} du Roy, maire perpétuel du lieu de Villeardebelle.

« De gueules tranché d'argent ».

La Com.^{té} des hans du lieu de Clermont.

« De sinople à une fasse d'or accompagnée de deux lozanges de même ».

N... CASTEL , prêtre , curé de Montgaillard.

« Fassé , contre-fassé de sinople et d'argent de six pièces ».

Antoine AUSSENAN , prêtre , curé de Montaud.

« De sable à une hamaïde d'or ».

La Com.ᵀᴱ des hans du lieu de Bellegarde.

« Palissé en fasse de sable et d'argent de six pièces ».

La Com.ᵀᴱ des hans du lieu de Donazac.

« Taillé , emmanché d'or et d'azur ».

La Com.ᵀᴱ des hans du lieu de Gaja.

« D'or à deux pals de gueules et un chef de même ».

N... MIEGEUILLE , marc.ᵈ , bourgeois de la ville de Limoux.

« D'or à un cheron rompu de sinople ».

La Com.ᵀᴱ des hans du lieu de Pomi.

« D'or à une bordure de aable ».

Jacques CHOLAT , marchand , bourgeois de la ville de Limoux.

D'argent à une barre componnée d'azur et d'or ».

Lazare BOYER , marc.ᵈ , bourg.ˢ de la ville de Limoux.

« D'argent à une croix haussée de gueules ».

Jaque FOURNIÉ , marc.ᵈ , bourg.ˢ de la ville de Limoux.

« D'argent à une larme de sinople ».

Jean BRIELLET , marc.ᵈ , bourg.ˢ de la ville de Limoux.

« D'argent à trois billettes de sable posée en barre ».

La Communauté des m.ᵉˢ Serruriers , bastiers et autres de la ville de Limoux.

« D'azur à un orle d'or ».

La Com.ᵀᴱ des hans du lieu de Grefel.

« D'azur party d'argent à une bande de l'un en l'autre ».

La Com.ᵀᴱ des hans du lieu d'Hounoux.

« De gueules à trois bandes d'or et un chef de même ».

N... RABAUDY , prêtre , curé de Malras.

« De gueules party d'argent ».

N... De JEAN , prêtre , curé de La Digne de bas.

« De sinople à une billette clechée d'or ».

N... De DRUILHE de CAMBIENNE (D.ᵉˡˡᵉ).

« De sinople à une jumelle d'argent ».

La Com.^{té} des hans du lieu de St-Just et Belengard.

‹ De sable à trois lozanges d'or posés deux et un ›.

ÉTIENNE LAFON , marc.^d , bourg.^s de la ville de Limoux.

‹ Fassé , contre-fassé de sable et d'argent de quatre pièces ›.

JEAN CASSAIGNEAU , marc.^d , bourg.^s de la ville de Limoux.

‹ Emmanché d'or et d'azur ›.

N... CANTELOUBE , prêtre , curé de Donazac.

‹ D'or à deux bandes de gueules et un chef de même ›.

N... SICRE , prêtre , curé de la paroisse d'Escuillens.

‹ D'or à une fasse de sinople surmontée de trois quarreaux de même ›.

N... LOMBARD , seigneur de Toureilles.

‹ Burélé d'or et de sable ›.

LE CHAPITRE DES BÉNÉDICTINS du lieu de St-Policarpe.

‹ D'argent écartelé d'azur ›.

N... GUILLAC , prêtre , curé de Toureilles.

‹ D'argent à une fasse componnée de gueules et d'or ›.

La Com.^{té} des hans du lieu de Villedieu.

‹ D'argent à deux pointes de sinople posées en chevron ›.

La COMMUNAUTÉ des Hostes et Cabaretiers de la ville de Limoux.

‹ D'argent à trois fusées de sable posées en fasse ›.

La COMMUNAUTÉ des Pareurs de draps de la ville de Limoux.

‹ D'azur à deux besans d'or posés l'un sur l'autre ›.

La Com.^{té} des hans du lieu de Toureilles.

‹ D'azur à trois billettes couchées d'argent et posées en fasse ›.

La Com.^{té} des hans du lieu de Gramazie.

‹ De gueules tranché , nuagé d'or ›.

La Com.^{té} des hans du lieu de Mazet.

‹ De gueules à trois pals d'argent et un chef de même ›.

La COMMUNAUTÉ des Tanneurs de la ville de Limoux.

‹ De sinople coupé d'or ›.

La COMMUNAUTÉ des marchands facturiers en draps de la ville de Limoux.

‹ De sinople à un pal cometé d'argent ›.

N... DAUBERGEON , bourgeois du lieu de Gramazie,

‹ De sable à une tierce d'or ›.

LA COM.^{TÉ} des hans du lieu d'Escuillens.

« De sable à un écusson d'argent ».

LA COM.^{TÉ} des hans du lieu de Laures.

« Pallé, contre-pallé d'or et d'azur de quatre pièces ».

N... DE MONFAUCON , seigneur d'Escuillens.

« Party emmanché d'or et de gueules ».

N... DE MALOCOSTE , seigneur de Donazac.

« D'or à une bande de sinople cotoyée de deux cotices de même ».

GUILLAUME FOND , marchand de la ville de Limoux.

« D'or palissé de deux pièces et une demye de sable ».

N... BAISSIÈRE , prêtre , curé de Brugairolles.

« Cinq pointes d'argent équipolées à quatre d'azur ».

ANTOINE ANDRIEU , marchand drapier et bourgeois de la ville de Limoux.

« D'argent à un pal componné de gueules et d'or ».

LA COM.^{TÉ} des hans du lieu de Fenouillet.

« D'argent à un crampon de sinople ».

BERNARD DEGUA , marchand drapier et bourgeois de la ville de Limoux.

« Écartelé en sautoir d'argent et de sable ».

GRÉGOIRE CAYROL , mar.^d , bourg.^s de la ville de Limoux.

« D'azur à trois billettes d'or posées en pal ».

N... VASSEROT , marc.^d , bourg.^s de la ville de Limoux.

« D'azur coupé d'argent , chapé, chaussé de l'un en l'autre ».

LA COMMUNAUTÉ des Ch rurgiens de la ville de Limoux.

« De gueules à un triangle d'or ».

LA COM.^{TÉ} des hans du lieu de La Courtète.

« De gueules à un cheuron d'argent et un chef de même ».

LA COM.^{TÉ} des hans du lieu de Montgradail.

« De sinople taillé d'or ».

N... DE MOLINIER , Ve de N. BARDOU , marchand , bourgeois de la ville de Limoux.

« De sinople à un pal flamboyant d'argent ».

PIERRE ST-PÈRE , marc.^d , bourg.^s de la ville de Limoux.

« Pallé, contre-pallé de sable et d'or de six pièces ».

Le corps des Officiers de l'Hôtel de Ville de Limoux.

« De sable à un chevron brisé d'argent » .

La Com.té des bans du lieu de Mazerolles.

« Tiercé en pal d'or, de sable et d'argent »,

Résumé du bureau de Limoux.

Nombre de Personnes...................... 79 articles.

Abbayes ; Chapitres ; Communautés ; Communes ; Corporations ; Villes..............› 55 articles.

Total............. 154 articles.

Bureau de Mirepoix.

GUILLAUME-JOSEPH DE LESTANG, Baron de Celles et autres lieux.

« Écartelé au 1er et 4me d'azur à deux poissons d'argent, au 2me et 3me de sable à une montagne d'or, et sur le tout d'argent à une fasse de gueule accompagné de trois treffles de sinople posées deux en chef et une en pointe ».

JAQUES BOISSONNADE, prêtre, curé de Gibel.

« D'argent à trois buissons de sable sommés chacun d'une croix haussée de même et posés 2 et 1, et un chef d'azur chargé d'un croissant d'or acosté de deux étoiles de même ».

N... DE MARTINIERT, cons er du Roy, maire perpétuel du lieu de Gibel.

« De sable à deux chevrons couchez et apointez d'argent, accompagnez de trois étoiles d'or posées une en chef et deux aux flancs.

JEAN DE LORDAT, seigneur et marquis du lieu de Lordat.

« Porte : « D'or à une croix de gueules ».

PAUL DE BERNOUIN, seigneur de Serre, conseig.r direct de La Garde et Garduels.

Porte : « D'azur à un chevron d'or accompagné de deux étoiles de même, l'une en fasse et l'autre en pointe, l'écu cantonné de quatre roses d'argent ».

LOUIS DE MADRON, habitant du lieu de Gajac.

Porte : « D'or à une vache passante la queue retroussée sur le dos de gueules et acornée de sable, acolée et clairmée d'azur, et un chef d'azur chargé de trois étoiles d'or ».

PIERRE TRENCHANT, conseigneur de Trezures.

Porte : « D'argent à un chesne de deux branches de sinople dont l'une est coupée par un sabre de gueules tenu par une main de carnation mouvante du flanc ».

ODE-JOSEPH DE MONTFAUCON, seig.r de Royle et de La Barthe.

Porte : « Écartelé au 1er et 4e de gueules à un faucon d'argent sur une roche de même, au 2e et 3e d'or à trois cheurons de sable ».

LA Com.^{TÉ} des hans du lieu de Reneuille.

Porte : « De gueules à la lettre capitale R couronnée d'or et un chef cousu d'azur chargé de trois fleurs de lis d'or ».

LA Com.^{TÉ} des hans du lieu de Salles.

Porte : « De gueules à un cœur d'argent et un chef cousu d'azur chargé d'un croissant d'or acosté de deux étoiles de même ».

ANTOINE DE BAZELLES, s.^r de Pichafilou, hbitant du lieu de Bellesta.

Porte : « De gueules à un courant d'argent et deux épies en sautoir d'or cantonnées de quatre étoiles de sinople ».

JEAN PINEAU, marc.^d, bourgeois du lieu de Belesta.

Porte : « D'argent à un pin de sinople et un chef cousu d'or chargé de trois étoiles de gueules ».

ARNAUD PINEAU, marc.^d, bourg.^s du lieu de Belesta.

Porte : « D'or à trois étoiles d'azur posées deux et une, et un chef cousu d'argent chargé d'un pin de sihople ».

PIERRE MERQUIER, prêtre, curé de la paroisse de Salles.

Porte : « D'or à un bourdon de sable posé en pal et entouré d'un chapellet de même la croix en haut d'argent ».

N... DE LEUY, Baron de Leran.

Porte : « D'or à trois cheurons de sable, écartelé d'or à trois pals de gueules ».

ESTER DE LEUY, conseigneuresse du lieu de Carla de Roquefort.

Porte : « Écartelé au 1er et 4me d'or à trois cheurons de sable, au 2me et 3me d'or à trois pals de gueules ».

LA Com.^{TÉ} des hans du lieu de Mareuilles.

« D'or à un pal d'azur acosté de deux lozanges de même ».

LA Com.^{TÉ} des hans du lieu de Villautou.

« Tranché, emmanché d'or et de gueules ».

LA Com.^{TÉ} des hans du lieu de Courtauly.

« D'or à deux barres de sinople et un chef de même ».

LA Com.^{TÉ} des hans du lieu de Ribouisse.

« D'or écartelé de sable à une croix de l'un en l'autre ».

LA Com.^{TÉ} des hans du lieu de Bouteuille.

« D'argent à un anile d'azur ».

LA Com.^{TÉ} des hans du lieu de Roquefort et Ilhat.

« D'argent à une bande componnée de gueules et d'or ».

La Com.^{té} des hans du lieu de Gaudiés.

« D'argent à une croix alaizée de sinople ».

La Com.^{té} des hans du lieu de Tremoulet.

« D'argent à un franc-quartier de sable ».

La Com.^{té} des hans du lieu d'Aguilhanes et Vilhac.

« D'azur à trois billettes d'or posées en pal ».

La Com.^{té} des hans du lieu de Montauriol.

« D'azur mantelé d'argent ».

La Com.^{té} des hans du lieu de Carla de Roquefort.

« De gueules taillé, nuagé d'or ».

La Com.^{té} des hans du lieu de La Barthe.

« De gueules à un pal bretessé d'argent ».

La Com.^{té} des hans du lieu de Vira.

« De sinople tranché d'or ».

La Com.^{té} des hans du lieu de Monestrol.

« De sinople à une fasse d'argent acompagnée de deux lozanges de même, posées une en chef et une en pointe ».

La Com.^{té} des hans du lieu de Bouttes.

« Fassé, contre-fassé de sable et d'or de six pièces ».

La Com.^{té} des hans du lieu de La Cassaigne.

« De sable à une hamaïde d'argent ».

La Com.^{té} des hans du lieu d'Albou.

« Palissé en fasse d'or et d'azur de six pièces ».

La Com.^{té} des hans du lieu de Ventenac.

« Taillé, emmanché d'or et de gueules ».

La Com.^{té} des hans du lieu d'Aigueuiues.

« D'or à deux pals de sinople et un chef de même ».

La Com.^{té} des hans du lieu de La Bastide de Garderenous.

« D'or à un cheuron rompu de sable ».

La Com.^{té} des hans du lieu de Regat.

« D'argent à une bordure d'azur ».

La Com.^{té} des hans du lieu de Rieucros.

« D'argent à une barre componnée de gueules et d'or ».

La Com.^{té} des hans du lieu de Monthel.

« D'argent à une croix haussée de sinople ».

La Com.^{té} des hans du lieu de Segura.

« D'argent à une larme de sable ».

La Com.^{té} des hans du lieu de Limbrassac.

« D'azur à trois billettes d'or posées en barre ».

La Com.^{té} des hans du lieu de Cumiés.

« D'azur à un orle d'argent ».

La Com.^{té} des hans du lieu de Tarbes , Éclaignes et Pradettes.

« De gueules, party d'or à une bande de l'un en l'autre ».

La Com.^{té} des hans du lieu de St-Benoist.

« De gueules à trois bandes d'argent et un chef de même ».

La Com.^{té} des hans du lieu de Seignalens.

« De sinople , party d'or ».

La Com.^{té} des hans du lieu de Calmont.

« De sinople à une billette clechée d'argent ».

La Com.^{té} des hans du lieu de Cahuzac.

« De sable à une jumelle d'or ».

La Com.^{té} des hans du lieu de Péchairic.

« De sable à trois lozanges d'argent posés deux et un ».

La Com.^{té} des hans du lieu de Carla de Moussentibaud.

« Fassé , contre-fassé d'or et d'azur de quatre pièces ».

La Com.^{té} des hans de Belfort.

« Emmanché d'or et de gueules ».

La Com^{té} des hans du lieu de Caignac.

« D'or à deux bandes de sinople et un chef de même ».

La Com.^{té} des hans du lieu de Mezeruille.

« D'or à une fasse de sable surmontée de trois quarreaux de même ».

La Com.^{té} des hans du lieu de La Garde de Lauragois.

« Burelé d'argent et d'azur ».

La Com.^{té} des hans du lieu de St-Michel de Lanéz.

« D'argent écartelé de gueules ».

La Com.^{té} des hans du lieu de Rogles.

« D'argent à une fasse componnée de sinople et d'or ».

La Com.^{té} des hans du lieu de Laurac le Grand.

« D'argent à deux pointes de sable posées en cheuron ».

La Com.^{té} des hans du lieu de Montferrier.

« D'azur à trois fusées d'or posées en fasse ».

N... BERENGUIER , prêtre , curé de Dun.

« D'azur à deux besans d'argent posés l'un sur l'autre ».

CHARLES CLARAC , prêtre , curé de la paroisse de Roquefixade.

« De gueules à trois billettes couchées d'or et posées en fasse ».

N... LOUBES , prêtre , curé de la paroisse de St-Félix de Rieutort.

« De gueules , tranché , nuagé d'argent ».

N... DU CASSE , prêtre , curé de la paroisse de Dalou.

« De sinople à trois pals d'or et un chef de même ».

LA COM.TÉ des hans du lieu de Molandier.

« De sinople coupé d'argent ».

LA COM.TÉ des hans du lieu de Lafage.

« De sable à un pal cometé d'or ».

LA COM.TÉ des hans du lieu de Louuière

« De sable à une tierce d'argent ».

LA COM.TÉ des hans du lieu de St-Amadou.

« D'or à un écusson d'azur ».

LA COM.TÉ des hans du lieu de Camon.

« Pallé , contre-pallé de gueules et d'or de quatre pièces ».

LA COM.TÉ des hans du lieu de Lieurac.

« Party emmanché d'or et de sinople ».

LA COM.TÉ des hans du lieu de Sautel.

« D'or à une bande de sable cotoyée de deux cotices de même ».

LA COM.TÉ des hans du lieu de Troye.

« D'argent palissé de deux pièces et une demie d'azur ».

LA COM.TÉ de hans du lieu de Treziers.

« Cinq points d'argent équipolez à quatre de gueules ».

LA COM.TÉ des hans du lieu de Caudeual.

« D'argent à un pal componné de sinople et d'or ».

LA COM.TÉ des hans du lieu de St-Esteffé.

« D'argent à un crampon de sable ».

PIERRE DELGAT , marc.d , bourgeois de La Roque d'Olméz.

« Écartelé en sautoir d'azur et d'or ».

LA COM.TÉ des hans du lieu de St-Cirac de Lissert.

« D'azur à trois billettes d'argent posées en bande »r

LA COM.TÉ des hans du lieu de Soula.

« De gueules coupé d'or , chapé , chaussé de l'un en l'autre »

PIERRE CAILHAU , bourgeois du lieu de Peirat.
  « De gueules à un triangle d'argent ».

LA COM.TÉ des hans du lieu de Villeneuue d'Olméz.
  « De sinople à un cheuron d'or et un chef de même ».

N... ORTADA , prêtre , curé de la paroisse de La Bastide de Garderenous.
  « De sinople taillé d'argent ».

LA COM.TÉ des hans du lieu de Viuiers.
  « De sable à un pal flamboyant d'or ».

LA COM.TÉ des hans du lieu de Calzan.
  « Pallé , contre-pallé de sable et d'argent de six pièces ».

N... DE MONTES , prêtre , curé de la paroisse de Montferrier.
  « D'or à un cheuron brisé d'azur ».

JEAN LA SALE , cons.er du Roy, maire perpétuel du lieu de Carla.
  « D'or à un pal de gueules accosté de deux lozanges de même ».

N... LA SALE , fils.
  « Tranché , emmanché d'or et de sinople ».

LA COM.TÉ des hans du lieu de St-Julia de Briola.
  « D'or à deux barres de sable et un chef de même ».

LA COM.TÉ des hans du lieu de Lignairolles.
  « D'argent écartelé d'azur à une croix de l'un en l'autre ».

FRANÇOIS BONNET , marc.d , bourg.s du lieu de Fougax.
  « D'argent à un anile de gueules ».

JEAN BONNET , marc.d , bourgeois du lieu de Fougax.
  « D'argent à une bande componnée de sinople et d'or ».

LA COM.TÉ des hans du lieu de Ludiez.
  « D'argent à une croix alaizée de sable ».

LA COM.TÉ des hans du lieu de Montaragon.
  « D'azur à un franc-quartier d'or ».

PIERRE FOURCADE , prêtre , curé de St-Amadou et de ses annexes
  Ludiez et Carlaret.
  « D'azur à trois billettes d'argent posées en pal ».

GÉDÉON MONOT , marc.d , bourg.s du lieu de Gibel.
  « De gueules mantelé d'or ».

La Com.^{té} des hans du lieu de Bautteuille.

« De gueules, taillé, nuagé d'argent ».

N... LA PÊNE, prêtre, recteur de la paroisse de Bauteuille.

« De sinople à un pal bretessé d'or ».

JAQUE DE BERGERON, cons.^{er} du Roy, maire perpétuel du lieu de Fanjaux.

« De sinople tranché d'argent ». .

JEAN VAISSIÈRE, prêtre, recteur du lieu de La Louuière.

« De sable à une fasse d'or acompagnée de deux lozanges de même, posés un en chef et un en pointe ».

LOUIS DE GOUZENS, coseig.^r de Lafage.

« Fassé, contre-fassé de sable et d'argent de six pièces ».

HENRY DE GOUZENS ET DE FONTAINES, seig.^r de La Fage.

« D'or à une hamaïde d'azur ».

La Com.^{té} des hans du lieu de Dun.

« Palissé en fasse d'or et de gueules de six pièces ».

N... BRIUE, prêtre, curé du lieu de Fougax.

« Taillé, emmanché d'or et de sinople ».

La Com.^{té} des hans du lieu de La Plaigne.

« D'or à deux pals de sable et un chef de même ».

La Com.^{té} des hans du lieu de Moncla.

« D'argent à un cheuron rompu d'azur ».

La Com.^{té} des hans du lieu de Mortier (?).

« D'argent à une bordure de gueules ».

La Com.^{té} des hans du lieu de La Garde de Mirepoix.

« D'argent à une barre componnée de sinople et d'or ».

LA VILLE DE FANJAUX.

Porte : « De gueules à une croix vuidée, clechée et pommetée d'or, et un chef d'azur chargé de trois fleurs de lis d'or ».

JEAN DE MARQUIÉ, sieur de Faiac.

Porte : « Écartelé au 1er de sable à une onde d'argent en fasse, au 2me échiqueté d'argent et de sable, au 3me d'argent à une épée de sable, et au 4me d'argent à trois épées de sable posées en pal la pointe en haut ».

BERTRAND MANENT, chanoine de l'église cathed.^{le} de Mirepoix.

Porte : « D'argent à une ancre de sable et un chef d'azur chargé de trois étoiles d'argent »,

FRANÇOIS DE CAPRIOL , sieur de Payra.

Porte : « D'azur à un chevreuil saillant d'or, party d'hermines ».

HÉLIE-HENRY DE St-NOIR , seigneur de Montauriol.

Porte : « D'or à un éléphant de sable chargé d'une tour d'argent massonnée et crénelée de sable ».

PIERRE DE LABAT ET D'ANTIGNIAC , seigneur de Caudeual.

Porte : « Party au 1er d'azur à trois roses d'argent rangées en fasse, coupé d'argent à trois roses de gueules, deux et une ; au 2me parti d'or et d'azur, et un chef d'azur chargé de trois besans d'or ».

CATERINE DE CAULET , Ve de JEAN DE LÉVY , baron de Mirepoix et seigneur de Lavelanet.

Porte : « De gueules à un lion d'or et une fasse d'azur brochant sur le tout , chargé de trois étoiles d'or ».

FRANÇOIS DE DURFORT , seigneur de Rozines.

« D'azur à une bande d'or ».

PIERRE DE LA BROUE , Évêque de Mirepoix.

Porte : « D'or à trois corneilles de sable , béquées et membrées de gueules, et posées deux et une ».

LE CHAPITRE de l'église Cathédrale de Mirepoix.

Porte : « D'azur à trois poissons d'argent posés en face un sur l'autre » :

LA VILLE DE MIREPOIX.

Porte : « De gueules à un poisson d'or posé en fasse, et un chef cousu d'azur chargé de trois étoiles d'or ».

JEAN-PAUL DE TOUPIGNON , prestre , recteur en théologie, chanoine et preuost de l'église cathedrale et Chapitre de Mirepoix.

Porte : « De gueules à un chevron d'argent chargé de cinq mollettes de gueules et accompagné de trois pommes de pin d'or, deux en chef et une en pointe ».

JEAN-LOUIS DUBUISSON , seig.r de Beauteuille.

Porte : « D'azur à trois coquilles d'or, deux et une, écartelé d'argent à un lion de sable paroissant à demi et sortant d'un buisson de sinople ».

FRANÇOIS DE ROQUEFORT , seig.r du Viuiers.

Porte : « Échiqueté d'argent et d'azur et un chef d'argent chargé de trois rochers de gueules ».

FRANÇOIS DE NOBLES , seig.r de St-Amadou et d'Esplas.

Porte : « Écartelé au 1er d'or , au 2me et 3me d'azur , et au 4me d'argent et un aigle à deux testes de sable , couronné de même , brochant sur le premier et le second quartier ».

JOSEPH DE ST-GEORGE , seigneur de Subra.

Porte : « D'azur à une fasse d'argent , accompagnée en chef de trois molettes d'or et en pointe de trois croissants d'argent ».

Résumé du Bureau de Mirepoix.

Nombre de personnes...................................... 47 articles.

Abbayes ; Chapitres ; Communautés ; Communes ; Corporations ; Villes.............. 72 articles.

Total............... 119 articles.

Bureau de Narbonne.

GUILLAUME MARTIN , habitant de la ville de Narbonne.

« De sinople à deux fasses d'or et deux bandes de gueules brochantes sur le tout ».

FRANÇOIS DABAN , cy-deuant seigneur et baron de Moux.

« De sinople à deux fasses d'argent et deux bandes de gueules brochantes sur le tout ».

CLAUDE DE CASSAIGNES , sa femme.

« Acolé de sable à deux fasses d'or et deux bandes d'azur brochantes sur le tout ».

FRANÇOISE DE SOULINHAC , Veuve d'Antoine Magnianis , citoyen de Narbonne.

« De sable à deux fasses d'argent et deux bandes d'azur brochantes sur le tout ».

ANTOINE CARRÉ , chanoine de l'église collégialle de St-Pierre , de Narbonne.

« D'or à deux bandes d'azur et deux fasses d'argent brochantes sur le tout ».

JEAN-ANDRÉ DE CAZALÈDES , major au régiment de Rouergue.

« D'or à deux bandes de gueules et deux fasses d'argent brochantes sur le tout ».

HIACINTE DE LATUDE DE FONTES , Vᵉ de Sebastien de Cazalèdes.

« D'or à deux bandes de sinople et deux fasses d'argent brochantes sur le tout ».

GASPARD DE GROS , seigneur d'Honyes et de Lalegune.

« D'or à deux bandes de sable et deux fasses d'argent brochantes sur le tout ».

ÉTIENNE CASTEL ST-ESTÈUE , capit.ᵉ d'infanterie dans le régiment du Chayla.

« D'argent à deux bandes d'azur et deux fasses d'or brochantes sur le tout ».

LOUIS DE CAZALÈDES , major dans le régiment de Rouergue.

Porte : « D'azur à un aigle le vol abaissé d'argent , couronné d'or , regardant un soleil de même mouuant de l'angle dextre du chef ».

Jacques De MARGARIE et de BIEURÉ, comte d'Aguilar.

Porte : « Coupé au 1er d'or à quatre pals de gueules, parti de gueules aux chaisnes d'or posées en croix, en sautoir et en orle tiercé d'or à quatre pals de gueules flanqué d'argent, à un aigle à chaque flanc de sable bequé et membré de gueules ; et au 2me de gueules à trois marguerittes sans tige d'argent, posées deux et une, écartelé d'or à trois pals de gueules ».

Barthelemy JEAN, bourgeois de Sijean.

Porte : « D'argent à un cheuron de gueules et un chef d'azur chargé d'un croissant d'or accosté de deux étoilles de même ».

Jean De BELISSEND, seigneur de Camps.

Porte : « D'azur à trois bourdons rangés en pal d'or, et un chef de gueules chargé de trois coquilles d'argent ».

Bernard De BARRE, seigneur de Dauejean.

Porte : « D'argent à trois faces de gueules »

Jean-Jacques De FOULQUIER, s.r de Clix.

Porte : « D'argent à deux faces de sinople, et un chef cousu de gueules chargé de trois étoilles d'or ».

Jean De BARRE, seigneur de La Roque de Fa.

Porte : « D'argent à trois faces de gueules ».

Jean-François De PEYRAT, seigneur de La Redorte.

Porte : « D'azur à un cheuron d'or accompagné de trois glands de même, posés deux en chef et un en pointe, et un chef d'argent chargé de trois roses de gueules ».

N... De BOUSQUAT, seigneur de Ste-Vallière.

Porte : « De gueules à un chesne arraché d'argent, surmonté d'une fleur de lis d'or ».

Aymeric De MAGE, seig.r de Salsa et de Nouuellete.

Porte : « D'azur à une face d'or chargée de trois lozanges de gueules ».

N... De NIGRY LA REDORTE.

Porte : « D'or à trois redortes de sable, liées par le bas une avec l'autre ».

Claude De St-JEAN de MOSSOLENS, seig.r de Boisse.

Porte : « D'azur à deux lions affrontés d'or soutenant une cloche de même, bataillée d'azur, écartelé de gueules à trois fusées d'argent rangées en face ».

Le Chapitre St-Paul, colegiale de Narbonne.

Porte : « De gueules à un agneau pascal couché, et diadémé d'argent, tenant une croix d'or, dont la banderolle est chargée d'une croix de sable ; au chef d'azur chargé de trois fleurs de lis d'or ».

LA VILLE DE NARBONNE.

Porte : « De gueules à une clef d'or posée en pal , senestrée d'une croix archiépiscopale d'argent, au chef d'azur chargé de trois fleurs de lis d'or ».

CHARLES DE CAZALET , seigneur de La Caunette , Agnie , Tonnens et Villeneuue.

Porte : « D'argent à une croix de gueules chargée de quatre fleurs de lis d'or sur les extrémités ».

LOUIS DE CAZALET , chanoine de l'église primatiale de Narbonne.

Porte de même.

JEAN DAIDÉ , colonel des milices de bourgeoisie et capitaine garde coste.

Porte : « D'azur à un cheuron d'or accompagné de trois molettes de même, deux en chef et une en pointe ».

GILBERT DE CHEF DE BIEN D'ARMISSAN, et MARIE D'AUDERIC DE LASTOURS . sa femme.

Porte : « D'azur à une face d'argent accomp.e de deux lions passans d'or, armés et lampassés de gueules , celuy de la pointe contourné , accolé d'écartelé au 1er et 4me d'azur à un arbre d'or, accompagné de trois étoiles d'argent en chef et un leurier d'argent rempant au pied de l'arbre, au 2me et 3me de gueules à trois tours jointes par un entremur d'argent , celle du milieu plus haute que les deux autres , crenelées, massonnées et ouuertes de sable ».

Feu ÉTIENNE TARRABUST , seigneur de Vedillan , suiuant la déclaration de Marie Fabre, sa veuue.

Portoit : « D'azur à un cheuron d'or accompagné en chef de deux palmes d'argent adossées, et en pointe d'un lion d'or accolé d'or ; à un arbre de sinople sur une terrasse de même, adextré d'une étoile de gueules et senestré d'un lion rempant de même contre le fust de l'arbre ».

JEAN-JOSEPH CHOPY , cons.er du Roy , juge pour Sa Majesté du lieu de Cuxac.

Porte : « D'azur à un cheuron d'or accompagné de trois pommes de pin de même , deux en chef et une en pointe ».

PIERRE LAUR , bourgeois de Narbonne.

Porte : « D'azur à un cheuron écumé d'argent accompagné de trois feuilles de laurier d'or , deux en chef et une en pointe , et un chef cousu de gueules chargé de trois roses à cinq feuilles d'argent ».

ANTOINE VILLEFRANGUE , docteur en médecine de la faculté de Montpellier, citoyen de Narbonne.

Porte : « Écartelé au 1er et 4me d'azur à une ville d'or massonnée de sable, et un chef de gueules chargé d'une couronne de Cerés d'or ; au 2ᵐᵉ et 3ᵐᵉ de sable à une gerbe de bled d'or en pal ».

FRANÇOISE DEISSANCHON, veuue de Jean de **TREGOIN**, sieur de Montfort.

Porte : « D'argent à un cœur de gueules soutenu de deux lions de même ».

JEAN-FRANÇOIS MOLINS, auocat en Parlement.

Porte : « De sable à une bande d'argent accompagnée d'une fleur de lis d'or en chef et d'une rose d'argent en pointe ».

BONNAUENTURE DE LAFONTS, sous-diacre du diocèse de Toulouse, chanoine de l'église de St-Just, de Narbonne.

Porte : « De gueules à un lion couronné d'or et un orle de douze besans de même ».

ANTOINE LÉONNARD, chanoine en l'église primatiale St-Just, de Narbonne.

Porte : « D'or à un lion de gueules tenant un cœur enflamé de même ».

ARMAND-PIERRE DE LA CROIX DE CASTRIES, prestre, docteur en théologie de ia Faculté de Paris, grand Archidiacre de l'église de St-Just, de Narbonne.

Porte : « Parti de deux coupé d'un qui font six quartiers, au 1ᵉʳ de gueules à un cocq d'argent cocté, bequé et barbé, et onglé d'or ; au 2ᵐᵉ de sable à trois faces dentellées d'or ; au 3ᵐᵉ d'or à un lion de gueules entouré d'un double trecheur fleurdelisé et contre-fleurdelysé de même ; au 4ᵐᵉ d'azur à une roue sansjantes de huit rais d'or ; au 5ᵐᵉ d'or, à un chef d'azur chargé d'un quintefeuille d'or ; au 6ᵐᵉ d'argent à une giure d'azur couronnée d'or alissant de gueules, et sur le tout d'azur à une croix d'or ».

PAUL RAMBAUD, du lieu de Peyriac de Minerbois.

Porte : « D'or à un croissant montant de gueules surmonté de trois rameaux de laurier de sinople, et un chef de gueules chargé de trois roses d'argent ».

BLAISE DE GRANEFAINES, seigneur d'Argens.

Porte : « Écartelé, au 1ᵉʳ et 4ᵐᵉ d'or à cinq merlettes de sable en sautoir; au 2ᵐᵉ et 3ᵐᵉ aussi d'or à trois faces ondées de gueules ».

JEAN D'OLIUIER DE LA GARDIE, seigneur de Pouzol, et **ÉLISABETH DE TREMOLLET**, sa femme.

Portent : « Écartelé, au 1ᵉʳ et 4ᵐᵉ de gueules à un sautoir alaisé d'or ; au 2ᵐᵉ et 3ᵐᵉ d'azur à une main d'or parée de même, tenant une épée d'argent, et sur le tout emmanché en pal d'azur et d'argent ; accolé d'écartelé, au 1ᵉʳ et 4ᵐᵉ d'or à un bœuf rempant de gueules ; au 2ᵐᵉ d'azur à une face d'or accompagné en chef de trois besans de même et en pointe d'un croissant d'argent ; au 3ᵐᵉ d'azur à une croix d'or, et sur le tout d'azur à un cigne d'argent dans une onde de même, et un chef cousu d'azur chargé de trois molettes d'or ».

Jean-Vincent FABRE, prestre, chanoine en l'église collégiale de St-Paul, de Narbonne.

Porte : « De gueules à un angle éployé d'argent, accompagné en chef de trois étoiles de même ».

Jean d'ANGLES, cons.ᵉʳ du Roy, m.ᵉ des postes, ponts, chemins, péages et passages, en la Senechaussée de Carcassonne, Beziers et prouince de Narbonne, lieutenant général ciuil et criminel au siége principal de la marine et amirauté de Narbonne.

Porte : « D'azur à deux lions rempans d'or, soutenant trois cheurons d'argent sur une terrasse de sinople ».

Anne De BRETTES de THURIN, sieur de Crusi.

Porte : « Écartelé, au 1ᵉʳ et 4ᵐᵉ de gueules à un lion d'or et un chef d'azur chargé de trois étoiles d'or ; au 2ᵐᵉ et 3ᵐᵉ d'argent à trois aigles de sable, deux en chef et un en pointe ».

Yacinthe De LA CROIX.

Porte : « D'azur à une face d'argent chargée de six besans de gueules, accompagné en chef d'une croix d'argent et en pointe d'une rose de même ».

Claude FOURNAS de LA BROSSE, seigneur de Truillas.

Porte : « D'argent à trois faces d'azur et un griffon d'or armé, onglé et couronné d'azur, brochant sur le tout ».

François De ROUCH, capitaine au régiment de Bourbonnois.

Porte : « D'azur à un rocher d'argent ».

Jean BORN, citoyen de Narbonne.

Porte : « De pourpre à un lion d'argent tenant une ancre de même ».

Jean ALUCONY, marchand.

Porte : « D'argent à un arbre de sinople sur une terrasse de même, sénestrée d'un lion de gueules rempant contre le frest, et un chef coticé en bande d'or et d'azur ».

René De SOUBEYRAN, cy-deuant capitaine au régiment de Rebé.

Porte : « D'azur à un cheuron d'argent accompagné en chef de deux lions affrontés d'or, tenant de chacune de leurs deux pattes de deuant une rose de même, et en pointe d'une rose aussi d'or, et un chef cousu de gueules chargé de trois étoiles d'or ».

Guillaume MOREL, licencié en droit et auocat au Parlement.

Porte : « D'argent à un arbre de sinople fruité de sable, planté sur une terrasse de sinople accostée de deux molettes de sable en pointe ».

Charles-François De PRADEL , seigneur de Pardeillan.

Porte : « Ecartelé, au 1er de sable à une croix patée d'argent, à trois arbres de sinople rangés en face, et un chef de gueules chargé d'une croix potencée d'argent ; au 3me bandé d'argent et de gueules de six pièces ; au 4me d'argent à deux lions de gueules passans l'un sur l'autre , et sur le tout d'azur à un chevron d'argent accompagné de trois yeux de même , deux en chef et un en pointe ».

Jacques De CHALONS , conseiller du Roy , receveur des fermes vins de Sa Majesté , à Narbonne.

Porte : « D'azur à un lion d'or accompagné de trois flâmes de même , deux en chef et une en pointe ».

Jean-Gabriel De BINEUANT , seigneur de Salle.

Porte : « D'argent à trois bandes de gueules et un chef d'azur chargé d'un lambel à trois pendans d'or ».

Jerosme DUMONST , conseiller du Roy , assesseur en l'Hôtel-de-Ville de Narbonne.

Porte : « De gueules à un lion d'argent tenant un roc de même ».

Jacques FABRE , bourgeois de Narbonne.

Porte : « Ecartelé, au 1er et 4me d'azur à un chevron d'or , accompagné de trois flâmes de même , deux en chef et une en pointe ; au 2me et 3me de gueules à trois croissans entrelassés d'argent ».

Pierre DALMAS, cornette dans le régiment de Corlandon caualerie.

Porte : « D'argent à une croix ancrée de gueules ».

Anne De HAUTPOUL, chanoine et pressenteur en l'église primatiale de St-Just , de Narbonne.

Porte : « D'or à deux faces de gueules accompagnées de six coqs de sable, posés trois , deux et un ».

Jean BRAIMONT , prêtre en l'églis de St-Just , de Narbonne.

Porte : « D'argent à un chesne de sinople sur une terrasse de sable ».

Marie De GUILLON , abesse du couuent Notre-Dame des olieux de Narbonne.

Porte : « D'argent à un sautoir d'azur ».

Jean-François De CHEF DE BIEN , vicomte d'Armissan , chev er de l'ordre royal et militaire de St-Louis , capit.ne dans le premier bataillon de Piedmont et gouverneur pour le Roy du château et vallée de Cairas.

Porte « D'azur à une face en deuise d'argent accompagnée de deux lions passans d'or lampassés et armés de gueules, celuy de la pointe contourné ».

HENRY ROUCH , ci-deuant capitaine au régim.ⁿᵗ d'Anjou et Vexin.

Porte : « D'azur à un rocher d'argent ».

JEAN-BAPTISTE BORJON , fils.

Porte : « D'azur à 3 grapes de raisin d'or, deux en chef et une en pointe ».

ÉTIENNE IGOUNENC , cy-deuant trésorier prouincial de l'extraor-dinaire des guerres de la prouince d'Orléans.

Porte : « D'argent à un cheuron de gueules accompagné de trois aigles éployées de sable , deux en chef et une en pointe ».

GUILLAUME REUEL , conseiller du Roy , assesseur en l'Hôtel-de-Ville de Narbonne.

Porte : « D'azur à une cloche d'argent bataillée d'or ».

HENRY DE BEAUXHÔSTES , du lieu de Moussan.

Porte : « D'azur à une foy d'argent pareille de même, mouuant des flancs et surmontée d'une couronne de comte d'or ».

ANTOINE DE NIGUET , écuier et lieutenant du Roy au gouverne-ment d'Antibes.

Porte : « D'azur à un cheuron d'argent accompagné de trois geais d'or dans leur nid de sable , deux en chef affrontés et un en pointe , et un chef de gueules chargé d'un croissant d'argent accosté de deux étoiles d'or ».

MARIE DE COMENGE , veuue d'Étienne FABRE.

Porte : « D'argent à un palmier de sinople mouuant d'une terrasse de même , senestré en pointe d'un fer de lance de sable , soutenu d'un lion rempant de gueules , le tout surmonté en chef de deux molettes de sable ».

BARTHELEMY PECH , citoyen de Narbonne.

Porte : « D'azur à un cheuron d'or accompagné de trois montagnes de six coupeaux d'argent , deux en chef et une en pointe ».

JACQUES PRACHE , officier chez M. le cardinal de Bonzy.

Porte : « D'argent à trois merlettes de gueules , deux en chef et une en pointe , et un chef cousu d'azur chargé de trois étoiles d'or ».

JACQUES ROBERT , s.ʳ de Belvèze , cons.ᵉʳ du Roy et commissaire examinateur aux inuentaires en la viguerie de Narbonne , et juge en la temporalité de l'Archeuêché de Narbonne.

Porte : « De gueules à un rocher d'argent ombré de sinople , sur une ter-rasse de même , et deux lions affrontés d'or rempans contre le rocher, et un chef cousu d'azur chargé d'un soleil d'or naissant, accosté de deux étoiles de même ».

BARTHELEMY BERTHELIER , doct.ʳ en droits, auocat en Parlement.

Porte : « Parti au 1ᵉʳ d'azur à deux gerbes d'or posées en sautoir ; coupé d'argent à une teste de lion coupée de gueules , au 2me d'azur à quatre faces d'or » .

ANTOINE VERGER , prestre et chanoine de l'église St-Paul , de Narbonne.

Porte : « D'argent à trois arbres de sinople en face , celuy du milieu plus haut que les autres , accosté de deux lions affrontés de gueules rempans contre le fust , et un chef d'azur chargé de trois étoiles d'or ».

JOSEPH ISSAUCHOUX , baille de M. le cardinal de Bonzy au lieu de Ventenac.

Porte : « D'azur à trois écussons d'or , deux en chef et un en pointe ».

GABRIEL DE BOYER DE SORGUES , seigneur de Moussan.

Porte : « Écartelé , au 1er et 4me d'or à trois hures de sanglier de sable deffendues d'argent , deux en chef et une en pointe ; au 2me et 3me d'azur à trois besans d'or posés en bande ».

CHARLES-JOSEPH DE BOYER DE SORGUES , seigneur de Vinasssan.

Porte : « Ecartelé au 1er et 4me d'or à trois hures de sanglier de sable , deux en chef et une en pointe ; au 2me et 3me d'azur à trois besans d'or posés en bande ».

HENRY DE LESCURE , conseigueur de Puisseguier , major des milices bourgeoises de la ville et diocèse de Narbonne.

Porte : « Ecartelé au 1er et 4me d'azur à un léopard lionné d'or , accompagné d'une petite croix patée d'argent , posée au canton dextre du chef , au 2me et 3me d'azur à deux faces d'or , accompagnées de trois roses d'argent posées en pal ».

PIERRE RIGAUD , docteur et auocat en Parlement.

Porte : « D'or à trois bandes de gueules et un chef d'or chargé d'un lion naissant de sable ».

JEAN DALAIRAC , prestre et chanoine de l'église collégiale de St-Sébastien de Narbonne.

Porte : « De sinople à une leurette d'argent accolée de sable , et un chef d'or chargé de trois croissans de gueules ».

JEAN-ANTOINE FOURNIER , bourgeois de Ginestas.

Porte : « D'azur à une tour d'argent massonnée de sable , surmontée d'une étoile d'argent et soutenue de deux lions affrontés et rempans de même , et une riuière aussi d'argent en pointe ».

MARIE DE BOYER , V.e de Jean BUSCAILLON , citoyen de Narbonne.

Porte : « D'azur à un fenix d'argent sur son immortalité de gueules , regardant un soleil rayonnant d'or mouuant de l'angle dextre du chef , accompagné à senestre d'un croissant de même ».

Jean De GLEON, seigneur de Durban.

Porte : « Ecartelé, au 1er et 4me de gueules à un cheuron d'argent ; au 2me et 3me facé de six pièces d'or et d'azur ».

Claude-Joseph De CATHELLAN, seigneur de Portel.

Porte : « D'argent à un arbre de sinople sur une terrasse de même, et un leurier de gueules rempant contre le fust de l'arbre, et un chef d'azur chargé de trois étoiles d'or ».

Antoine ROLLAND, bourgeois de Narbonne.

Porte : « De gueules à un cheuron d'argent accompagné de trois roues d'or, deux en chef et une en pointe ».

Marie De SALLES, veuue de Louis Combes, de Ginestas.

Porte : « De gueules à un cheuron d'or accompagné de trois colombes d'argent, deux en chef affrontées et une en pointe contournée ».

François PECH, citoyen de Narbonne.

Porte : « D'azur à un cheuron d'or accompagné de trois montagnes d'argent, deux en chef et une en pointe ».

Antoine CATALLA BESSOY, bourgeois de Moussan.

Porte : « D'azur à deux cheurons d'argent chargés chacun de cinq tourteaux de gueules ».

N... De CLUMANE, cheualier, commandeur d'Homps.

Porte : « Facé d'or et d'azur, et un chef de gueules chargé d'une croix d'argent ».

Barthelemy SUDRE, bourgeois de Salles.

Porte : « D'argent à un cheuron de gueules accompagné en chef de deux roses de même ».

N... CATELLAN, chanoine en l'église collégiale de St-Paul, de Narbonne.

Porte, « D'argent à un arbre de sinople sur une terrasse de même, et un leurier de gueules rempant contre le fust de l'arbre, et un chef d'azur chargé de trois étoiles d'or ».

Guillaume FABRE, conseiller du Roy, juge royal, lieutenant criminel en chef en la viguerie de Narbonne.

Porte : « De gueules à un aigle éployé d'argent, accompagné de trois étoiles d'argent rangées en chef ».

Jean-Jacques GILLADE, bourgeois de Narbonne.

Porte : « D'azur à un cheuron d'or, accompagné en chef d'un soleil d'or, acosté de deux roses d'argent, et en pointe d'un rocher aussi d'argent ».

Louis DARAGON , seigneur de Fittou.

Porte : « D'argent à deux dragons volans ou amphistères affrontés d'azur, accompagnés de trois étoiles de gueules, deux en chef et une en pointe ».

Jacques AMIEL , prestre, chanoine de l'église collégiale de St-Sébastien , de Narbonne.

Porte : « D'azur à trois mouches à miel d'or , deux en chef et une en pointe , et un chef de gueules chargé d'une croix pattée d'argent , accostée de deux étoiles de même ».

Antoine JUIF , prestre, chanoine en l'église primatiale St-Just , de Narbonne.

Porte : « De sinople à une leurette passante d'argent , accolée de même , et un chef de gueules chargé de trois étoiles d'or ».

Marie DALBES , veuue de Laurens De Montagnie , citoyen de Narbonne.

Porte : « D'argent à un cheuron d'azur accompagné de trois aigles de sable bequées et membrées de gueules, deux en chef et un en pointe , le tout surmonté d'une trangle de gueules ».

Étienne MARTIN , lieutenant dans le régim.t de Poitou.

Porte : « D'azur à un cheuron d'argent accompagné de trois testes de léopard d'or , deux en chef et une en pointe , et un chef cousu de gueules chargé de trois étoiles d'or ».

Jean De CHEF DE BIEN d'ARMISSAN , sieur de Combeslongue , prestre et recteur du lieu de Coursan.

Porte : « D'azur à une face d'argent en deuise chargée d'une croix de gueules , accompagnée de deux lions léopardés d'or , armés et lampassés de gueules, l'un en chef et l'autre en pointe, celuy de la pointe contourné ».

Charles BOURSIER de CEZELY , sieur de St-Aunés , seigneur de Treilles et Feuilla.

Porte : « D'azur à une colonne d'argent soutenue de 2 lions affrontés d'or ».

Gabriel De MARTRIN de DONNOS , seigneur du dit lieu.

Porte : « Écartelé au 1er et 4me d'or à un aigle de sable bequé et membré de gueules ; au 2me et 3me de gueules à trois faces d'or ».

Vital d'HAOUSTET , seigneur de Camplong.

Porte : Ecartelé, au 1er et 4me d'azur à deux poissons nommés Daurades, d'argent, posés en face l'un sur l'autre ; au 2me et 3me de gueules à trois croissans d'or, un et deux ».

Catherine De MOLINS , veuue de Pierre Daugier , seigneur de Fabrezan.

Porte : « Ecartelé , au 1er et 4me d'azur à un lion d'or armé et lampassé de gueules, et une étoile d'or en chef et un croissant d'argent en pointe ; au 2ᵐᵉ et 3ᵐᵉ de gueules à une bande d'argent, accompaguée d'une fleur de lis d'or en chef et en pointe d'une rose d'argent ».

CLAUDE HANNUIC, auocat en Parlement, citoyen de Narbonne.

Porte : « D'argent à un cheuron de gueules accompagné de trois coqs de sable, membrés, cretés et barbés d'or, deux en chef et un en pointe » .

HENRY DAUTEMAR, sieur de Vives.

Porte : « D'or à trois bandes d'azur » .

HIACINTHE DAUTEMAR, seigneur de Tauror.

Porte de même.

HERCULE DE THEZAN, seigneur de Luc.

Porte : « Ecartelé d'or et de gueules » .

GUILLAUME VIDAL, conseiller du Roy, maire de Mailhac.

Porte : « D'azur à une épée en pal d'argent perçant un cœur de gueules posé en bande ».

MARIE DE ROUBIN, marchande à Narbonne.

Porte : « D'azur à une montagne d'argent, surmontée d'un soleil naissant rayonnant d'or, mouvant du milieu du chef ».

CYPRIEN MENGAU, seigneur de Talayran.

Porte : « D'azur à un rocher d'argent sommé d'un ciprés de même, et senestré d'un coq aussi d'argent montant sur le rocher » .

LA COMMUNAUTÉ du lieu de Sigean.

Porte : « D'azur à deux faces d'or et une fleur de lis d'argent en pointe » .

HIEROSME ALARIC, bourgeois de Sigean.

Porte : « De gueules à un croissant d'argent, couronné de même, et un chef cousu d'azur chargé de trois étoiles d'or » .

JEAN BAILLY, citoyen de Sigean.

Porte : « D'azur à un croissant d'argent, et un chef cousu de gueules chargé de trois étoiles d'argent » .

FRANÇOISE DE CAZALÈDES, veuue de N... DE LA MARANSANNES, lieutenant du Roy, de Narbonne.

Porte : « D'or à un pal de gueules chargé de trois coquilles d'or » .

JEAN-GASTON DE SAIX, seigneur de Paulignan.

Porte : « D'azur à deux faces d'or accompagnées de six étoiles de même, trois en chef, deux en face et une en pointe ».

JEAN DE SAIX DE CAMPAN.

Porte de même.

Pierre JEAN, bourgeois de Narbonne.

Porte : « De gueules à un agneau pascal d'argent, et un chef cousu d'azur chargé de trois étoiles d'or ».

Jean VIOLS, marchand, bourgeois de la ville de Narbonne.

Porte : « D'argent à une plante de violette arrachée de sinople, et un chef de gueules chargé de trois étoiles d'or ».

Jean MERCIER, pr.tre et chan.ne en l'église primat.le de Narbonne.

Porte : « D'argent à une scie de gueules soutenue de trois faces ondées d'azur, et un chef de même chargé de trois étoiles d'or ».

Hercule De TREGOIN, sieur de Maluesy.

Porte : « Ecartelé au 1er et 4me d'or à une bande de gueules chargée de cinq épis de bled d'or en pal ; au 2me et 3me d'azur à une sirenne d'argent tenant de sa main dextre une épée en pal de même ».

Jean SERIE, marchand de Narbonne.

Porte : « D'or à un ..... de sinople, fruité de gueules ».

Barthelemy LÉONARD, prestre, chanoine et sacristain de l'église de St-Sébastien.

Porte : « D'or à un lion de gueules, tenant entre ses deux pattes de deuant un cœur enflamé de même ».

Denis LE NOIR.

Porte : « D'or à une croix potencée alaizée de gueules, cantonnée de quatre croisettes de même posées au côté dextre de la pointe, et une teste de more de sable bandée d'argent au costé senestre brochant sur trois feuilles de laurier de sinople et regardant un soleil d'or posé au costé dextre d'un chef d'azur ».

François De SOUBLEYRAS, capitaine des portes de la ville de Narbonne.

Porte : « D'argent à une bande de sinople chargée de trois gerbes d'or, liées de gueules, posées dans le sens de la bande ».

Sébastien VIGNE, auocat en Parlement.

Porte : « D'argent à une bande d'azur chargée de trois étoiles d'or, accompagnée de deux seps de vigne de sinople frutés de pourpre, posés en pal un en chef et un en pointe ».

Guillaume VIOLS, chanoine du Chapitre de St-Paul de Narbonne.

Porte : « D'argent à une plante de uiolette arrachée de sinople, et un chef de gueules chargé de trois étoiles d'or ».

Jean BLANCARD, prestre et chanoine de l'église primatiale de Narbonne.

Porté : « D'azur à un arc d'or posé en barre, encoché d'une flèche de gueules posée en bande, perçant une carte d'argent posée au canton dextre du chef ».

Iacinthe De BRETTE, seigneur d'Assinant.

Porte : « Écartelé, au 1er et 4me d'azur au lion d'or lampassé de gueules, surmonté de trois étoiles d'or rangées en chef ; au 2me d'argent à six quartefeuilles de gueules posées 3, 2 et 1 ; et au 3me d'argent à trois aigles éployés et contournés de sable ».

N... BENEZECH, conseiller du Roy, maire d'Argeilliers.

Porte : « D'argent à deux lions affrontés de gueules, et un chef de gueules chargé de trois étoiles d'or ».

Gabriel De MARTRIN de DONOS, archiprestre de Azille.

Porte : « D'or à un aigle éployé de sable, surmonté d'une couronne de même ».

Étienne GLEIZES, bourgeois de Narbonne.

Porte : « De gueules à une église d'argent et un chef cousu de sinople, chargé d'un croissant d'argent, accosté de deux étoiles d'or ».

Jean COMBS, recteur de Conilhac.

Porte : « D'azur à une colombe contournée d'argent portant en son bec un rameau de même, sur une terrasse aussi d'argent, et un chef cousu de gueules chargé d'une croix pattée, alaisée d'or, accostée de deux étoiles d'argent ».

Charles De MAIREDON, sieur de Massac.

Porte : « De gueules à un lion d'or et une bordure denticulée de même ».

André CONCAS, marchand à Narbonne.

Porte : « D'argent à un rocher de sable enflamé de gueules, surmonté d'un fenix de sable, bequé et membré de gueules, naissant de l'angle dextre du chef ».

Jean-Pierre DULAC, seigneur de Bouttenac.

Porte : « D'argent à une bordure de gueules ».

Antoine TAILLEUIGNE, maire de Traussan.

Porte : « D'argent à une main au naturel mouuante du flanc senestre et taillant un sep de vigne de sinople mouuant d'une terrasse de même ».

Raymond JARLIAC, assesseur en la ville de Narbonne.

Porte : « D'azur à un lis d'argent tigé et feuillé de sinople, sur une terrasse de même, et deux couleuures adossées d'argent, languées de gueules, passées en sautoir vers la queue et brochantes sur le tout, accompagné en chef d'un soleil d'or naissant de l'angle dextre du chef et d'une étoile de même, posés à senestre ».

Jean PICARD, maire de Villeneuue-les-Chanoines.

Porte : « De gueules à une croix patriarchale terminée en 4 de chiffre et mouuante d'un lozange vuidé, le tout d'argent, accostée des deux lettres J et P de même ».

Vincens RAMEL, marchand à Villeneuue-les-Chanoines.

Porte : « D'argent à un ramean de sinople ».

Guillaume JUSTROBE fils, bourg.ˢ de Villeneuue-les-Chanoines.

Porte : » De sinople à une main mouuante du flanc senestre d'une nuée, tenant une balance, le tout d'argent, cantonnée d'une teste de mort de même ».

N... PACHÉ, ...et ayde-major de Narbonne.

Porte : « D'azur à deux épées d'argent passées en sautoir ».

Joseph-Marie VEYE, prestre, chanoine du Chapitre St-Sébastien, de Narbonne.

Porte : « D'azur à un ciprés arraché d'or enté sur un croissant de sable, et un chef de gueules chargé de trois molettes d'argent ».

Guillaume MASSIAC, maire d'Azillan.

Porte : « D'azur à une main d'argent, parée de même, et tenant une massue aussi d'argent en pal, écartelé d'argent à un lion de gueules ».

Jacques SOLLIER, prestre, chanoine du Chapitre St-Sébastien, de Narbonne.

Porte : « D'azur à un soleil d'or en chef et trois roses de même mal ordonnées en pointe ».

Paul PECH, prestre, chanoine du Chapitre Saint-Paul, de Narbonne.

Porte : « D'azur à trois rochers d'or, deux et un ».

Marc-Antoine De MASSIA, major du régiment de Castries.

Porte : « Ecartelé au 1ᵉʳ d'azur à un cheuron d'or, accompagné de trois roses d'argent, deux en chef et une en pointe ; au 2ᵐᵉ d'argent à une croix vuidée, clechée et pommettée d'or ; au 3ᵐᵉ d'argent à un lion de gueules ; et au 4ᵐᵉ tiercé en face : au 1ᵉʳ d'or à un lion naissant de sable, lampassé et armé de gueules ; au 2ᵐᵉ d'or à trois tresfles de sinople ; et au 3ᵐᵉ de gueules à une bande d'or ».

Hiérosme MOREL, prestre, chanoine du Chapitre de St-Paul, de Narbonne.

Porte : « Ecartelé, au 1ᵉʳ et 4ᵐᵉ d'or à un champ clos de sable ; au 2ᵐᵉ et 3ᵐᵉ de gueules à une bande d'or accompagnée de trois étoiles d'argent, deux en chef le long de la bande et l'autre en pointe, et sur le tout d'argent à un miroir de sinople, fructé de pourpre, mouuant d'une terrasse de sinople, accosté de deux molettes de sable posées en flancs ».

ANTOINE HUC , Archiprestre du lieu de Montbrun.

Porte : « De gueules à une croix pattée d'or , accostée de deux lettres capitales de même A et H.

L'ABBAYE DE SAINTE-CLAIRE , de Azillan.

Porte : « Parti au 1er d'azur à deux cheurons rompus , celuy du chef à dextre et celuy de la pointe senestrés d'argent ; au 2me d'or à trois cheurons de sable • ».

MARC-ANTOINE HUBERT , seigneur de Laucatte, conseiller du Roy en ses conseils et son commissaire ordonnateur de la marine de la prouince de Languedoc.

Porte : « Ecartelé au 1er et 4me de gueules à deux ancres d'argent passés en sautoir ; au 2me et 3me d'azur à une face en deuise d'or , accompagnée en pointe d'une foy de même • ».

PIERRE TERRISSE , maire de Canet.

Porte : « D'argent à un cheuron de gueules accompagné de trois palmes de sinople , deux en chef et une en pointe , et un chef d'azur chargé de trois étoiles d'or • ».

JACQUES PRIUAT , marchand à Narbonne.

Porte : « De gueules à un cheuron d'or chargé d'une colombe d'argent portant à son bec un rameau d'oliuier de sinople , et un chef d'azur chargé d'un croissant d'argent accosté de deux étoiles d'or • ».

ANTOINE ANDRÉ , auocat en Parlement , seig.r de Durfort.

Porte : « D'azur à un pal d'argent chargé de trois sautoirs de gueules ».

LE COUUENT des religieuses Carmélittes de Narbonne.

Porte : « D'argent chapé de sable , la pointe terminée en une croix patée de gueules et trois étoiles à huit rais , deux de gueules sur argent et une d'argent sur le sable ».

JEAN GRAJAC , marchand en la ville de Narbonne.

« D'or à un chef fuzelé d'or et d'azur • ».

JOSEPH GRAJAC , marchand en la ville de Narbonne.

« D'or à un chef fuzelé d'or et de gueules • ».

JEAN RAYNAUD , marchand en la ville de Narbonne.

« D'or à un chef fuzelé d'or et de sinople »

JEAN ESCAUT , bourgeois de Narbonne.

« D'or à un chef fuzelé d'or et de sable ».

N... DOLMIÈRES , chanoine de l'église primatiale de Saint-Just , de Narbonne.

« D'or à un chef fuzelé d'argent et d'azur ».

Jean DELORT , chanoine de Saint-Sébastien.

« D'or à un chef fuzelé d'argent et d'azur, chargé d'un lion passant de gueules ».

Henry De ROUCH , chanoine de Saint-Paul , de Narbonne.

« D'or à un chef fuzelé d'argent et de gueules ».

Jean De RICHEROYE , curé de Ventenac.

« D'or à un chef fuzelé d'argent et de sinople ».

Jean-Joseph BAILES , marchand en la ville de Narbonne.

« D'or à un chef fuzelé d'argent et de sable ».

Nicolas ALETY , prestre et curé de Mirepeysset.

« D'argent à un chef fuzelé d'or et d'azur ».

Guillaume DUFORT , prestre et recteur de la paroisse de Mailhac.

« D'argent à un chef fuzelé d'or et de gueules ».

Jean VAURON , prestre et curé de Villeneuue-les-Chanoines.

« D'argent à un chef fuzelé d'or et de sinople ».

François-Iacinthe RAINAUD , prestre , curé de Paraza.

« D'argent à un chef fuzelé d'or et de sable ».

Jean-François GEMÉ , recteur de Bouttenac.

« D'argent à un chef fuselé d'argent et d'azur ».

La Communauté des maîtres tailleurs de la ville de Narbonne.

« D'argent à un chef fuselé d'argent et de gueules ».

La Communauté des maîtres patissiers , boulangers et fourniers de la ville de Narbonne.

« D'argent à un chef fuselé d'argent et de sinople ».

Pierre-François De THEZAN de LUC , chanoine de St-Sébastien.

« D'argent à un chef fuselé d'argent et de sable (*armes du Chapitre*) ; écartelé d'or et de gueules (*qui sont ses propres armes*) ».

La Communauté des maîtres serruriers jurés , marechaux , arquebusiers , potiers d'étain , lanterniers et vitriers de la ville de Narbonne.

« D'azur à un chef fuselé d'or et de gueules ».

Barthelemy DONNADIEU , marchand en la ville de Narbonne.

« D'azur à un chef fuselé d'or et de sinople ».

N... DAUID , marchand en la ville de Narbonne.

« D'azur à un chef fuselé d'or et de sable »,

JEAN-PIERRE BLANC , marchand en la ville de Narbonne.
  « D'azur à un chef fuselé d'argent et d'azur ».

JEAN COURTOIS , prestre et recteur du lieu de Caunes.
  • D'azur à un chef fuselé d'argent et de gueules •.

AMANS RUSTAN , ancien curé de Lézignan.
  • D'azur à un chef fuselé d'argent et de sinople •.

SIMON BARINCON , prestre et recteur de Neuian.
  • D'azur à un chef fuselé d'argent et de sable •.

JEAN GRIFFRY , maire de Lauran.
  • De gueules à un chef fuselé d'or et d'azur ».

FRANÇOIS BONNAFOUX , bachelier ès droits.
  • De gueules à un chef fuselé d'or et de gueules •.

LA COMMUNAUTÉ des Confrères de St-Éloi.
  • De gueules à un chef fuselé d'or et de sinople •.

DOMINIQUE FORTASSIEN , ancien recteur de Mailhac et prince de
Saint-Jean de Cas.
  • De gueules à un chef fuselé d'or et de sable •.

JEAN-PIERRE GOINE , prestre et recteur de Peyriac de Minerbois.
  • De gueules à un chef fuselé d'argent et d'azur •.

ANTHOINE CATHELLAN , maire de Peyriac de Minerbois.
  • De gueules à un chef fuselé d'argent et de gueules •.

PIERRE DONNADIEU , marchand en la ville de Narbonne.
  • De gueules à un chef fuselé d'argent et de sinople •.

GUILLAUME BOYER , marchand en la ville de Narbonne.
  • De gueules à un chef fuselé d'argent et de sable •.

NICOLAS MAUGÉ , bourgeois de la ville de Narbonne.
  « De sinople à un chef fuselé d'or et d'azur •.

JEAN MIGNARD , auocat en Parlement.
  • De sinople à un chef fuselé d'or et de gueules •.

LOUIS BOYER , marchand à Narbonne.
  • De sinople à un chef fuselé d'or et de sinople •.

JACQUES CAMPS , notaire au lieu de Lauran.
  « De sinople à un chef fuselé d'or et de sable •.

FRANÇOIS ABRAIN , marchand en la ville de Narbonne.
  • De sinople à un chef fuselé d'argent et d'azur •.

BERNARD JEAN , marchand en la ville de Narbonne.
« De sinople à un chef fuselé d'argent et de gueules ».

JEAN-PIERRE DE DONOS , recteur de la paroisse de Camplong.
« De sinople à un chef fuselé d'argent et de sinople ».

JEAN HÉBRAD , recteur de la paroisse de Ferralz;
« De sinople à un chef fuselé d'argent et de sable ».

LOUIS DELON , bourgeois de Villeneuue-les-Chanoines.
« De sable à un chef fuselé d'or et d'azur ».

LA COMMUNAUTÉ des maîtres menuisiers , charpentiers , tonneliers,
sculpteurs et marchands de bois de la ville de Narbonne.
« De sable à un chef fuselé d'or et de gueules ».

LA COMMUNAUTÉ des blanchers , tanneurs , gantiers , corroyeurs et
bouchers de la ville de Narbonne.
« De sable à un chef fuselé d'or et de sinople ».

FRANÇOIS D'HONT , sieur de Roquefort.
« De sable à un chef fuselé d'or et de sable ».

PIERRE FABRE , prestre et recteur de la paroisse de Lauran.
« De sable à un chef fuselé d'argent et d'azur ».

N... DE SAINT-MARTIN , prestre et recteur de la paroisse de
Castelnau-d'Aude.
« De sable à un chef fuselé d'argent et de gueules ».

N... FOURQUIER , recteur de la paroisse de Cruscades.
« De sable à un chef fuselé d'argent et de sinople ».

ALEXIS HANNUIC , prestre et recteur de la paroisse de Ginestas.
« De sable à un chef fuselé d'argent et de sable ».

LA COMMUNAUTÉ des maîtres cordonniers de la ville de Narbonne.
« D'hermines à un chef fuselé d'or et d'azur ».

ÉTIENNE BARTHES , prestre et curé de la parroisse de Villesèque.
« D'hermines à un chef fuselé d'or et de gueules ».

BARTHELEMY CAUSSE , prestre et prieur de Truilhas.
« D'hermines à un chef fuselé d'or et de sinople ».

N... SIRUEN , prestre et curé de la parroisse de Montels.
« D'hermines à un chef fuselé d'or et de sable ».

MARC-ANTOINE DE GRAUE , s_r des Palais;
« D'hermines à un chef fuselé d'argent et d'azur ».

JEAN SENS, maire de Mirepeysset.

« D'hermines à un chef fuselé d'argent et de gueules ».

LA COM.TÉ des habitans de Traussan.

« D'hermines à un chef fuselé d'argent et de sinople ».

LA COM.TÉ des habitans du lieu de Lespinassière.

« D'hermines à un chef fuselé d'argent et de sable ».

LA COMMUNAUTÉ des habitans du lieu de Villeneuue-les-Chanoines.

« De vair à un chef fuselé d'or et d'azur ».

LA COMMUNAUTÉ des habitans du lieu de Roquecourbe.

« De vair à un chef fuselé d'or et de gueules ».

LA COMMUNAUTÉ des habitans du lieu de Montjoy.

« De vair à un chef fuselé d'or et de sinople ».

LA COMMUNAUTÉ des habitans du lieu de Camps.

« De vair à un chef fuselé d'or et de sable ».

CHARLES DE SIGEAN, sieur d'Autour, capitaine dans le régiment de Picardie.

« De vair à un chef fuselé d'argent et d'azur ».

LA COMMUNAUTÉ des habitans du lieu de Valmigères.

« De vair à un chef fuselé d'argent et de gueules ».

LA COMMUNAUTÉ des habitans du lieu de Salsa.

« De vair à un chef fuselé d'argent et de sinople ».

LA COMMUNAUTÉ des habitans du lieu de Darnecuillette.

« De vair à un chef fulselé d'argent et de sable ».

LA COMMUNAUTÉ des habitans du lieu de Mayronnes.

« D'or à une fasse fuselée d'or et d'azur ».

LA COMMUNAUTÉ des habitans du lieu de Albières.

« D'or à une fasse fuselée d'or et de gueules ».

LA COMMUNAUTÉ des habitans du lieu de Creyssan.

« D'or à une fasse fuselée d'or et de sinople ».

GUILLAUME LANDES, prestre et Archiprestre de Tonnes (?).

« D'or à une fasse fuselée d'or et de sable ».

LA COMMUNAUTÉ des habitans du lieu de Auriac et Lachègues·

« D'argent à une fasse fuselée d'argent et d'azur ».

LA COMMUNAUTÉ des habitans du lieu de Félines.

« D'argent à une fasse fuselée d'argent et de gueules ».

La Communauté des habitans du lieu de Cucugnan.
  « D'argent à une fasse fuselée d'argent et de sinople ».

N... Veuue de SALUETAT, du lieu de Moutoumet.
  « D'argent à une fasse fuselée d'argent et de sable ».

N... De PELIGRY, recteur de la paroisse de Moutoumet.
  « D'azur à une fasse fuselée d'or et d'azur ».

La Communauté des habitans du lieu de Cubières.
  « D'azur à une fasse fuselée d'or et de gueules ».

N... De VERNON, sieur de Ginestas.
  « D'azur à une fasse fuselée d'or et de sinople ».

N... De VERNON, sieur de Villerambert.
  « D'azur à une fasse fuselée d'or et de sable ».

La Communauté des habitans du lieu de Vinassan.
  « D'azur à une fasse fuselée d'argent et d'azur ».

La Communauté du lieu de Laucatte.
  « D'azur à une fasse fuselée d'argent et de gueules ».

Anne De MIGNARD, veuue de Marc-Antoine De Laur, sieur de
  La Triballe.
  « D'azur à une fasse fuselée d'argent et de sinople ».

La Communauté des habitans du lieu de Salles.
  « D'azur à une fasse fuselée d'argent et de sable ».

La Communauté des habitans du lieu de Poilhes.
  « De gueules à une fasse fuselée d'or et d'azur ».

Jean AZEMES, prestre et recteur de la paroisse de Moux.
  « De gueules à une fasse fuselée d'or et de gueules ».

La Communauté des habitans du lieu de Bages.
  « De gueules à une fasse fuselée d'or et de sinople ».

La Communauté des habitans du lieu de Ventenac.
  « De gueules à une fasse fuselée d'or et de sable »,

Jean BERLAND, maire du lieu de Pepieux.
  « De gueules à une fasse fuselée d'argent et d'azur ».

Therèze De VALLET, veuue de Barthelemy Lignière, receueur
  des rentes de M. le cardinal de Bonzy.
  « De gueules à une fasse fuselée d'argent et de gueules ».

Pons DESUER DELDOUL, citoyen de Narbonne.
  « De gueules à une fasse fuselée d'argent et de sinople ».

PAUL DESUER DELDOUL, sr de La Byouïte, citoyen de Narbonne.
« De gueules à une fasse fuselée d'argent et de sable ».

LE COUVENT des Religieuses de Sainte-Marie, de Narbonne.
« De sinople à une fasse fuselée d'or et d'azur ».

GUILLAUME FLEURY, receueur général des finances de la généralité de Montpellier.
« De sinople à une fasse fuselée d'or et de gueules ».

LA COMMUNAUTÉ des habitans du lieu de Portel.
« De sinople à une fasse fuselée d'or et de sinople ».

JACQUES-YACINTE MIRABET, citoyen de Narbonne.
« De sinople à une fasse fuselée d'or et sable ».

JEAN CASTELLAS, marchand en la ville de Narbonne.
« De sinople à une fasse fuselée d'argent et d'azur »

JEAN LENARD, prestre et chanoine de l'église de Saint-Paul de Narbonne.
« De sinople à une fasse fuselée d'argent et de gueules ».

JEAN COL, marchand à Narbonne.
« De sinople à une fasse fuselée d'argent et de sinople ».

RENÉ DE LOZE, marchand à Narbonne.
« De sinople à une fasse fuselée d'argent et de sable ».

HENRY GROS, bourgeois de la ville de Narbonne.
« De sable à une fasse fuselée d'or et d'azur ».

N... CATUFFE, prestre et recteur de la paroisse de Roque de Fa.
« De sable à une fasse fuselée d'or et de gueules ».

JEAN MERLAC, marchand en la ville de Narbonne.
« De sable à une fasse fuselée d'or et de sinople ».

PIERRE GAJAC, marchand à Narbonne.
« De sable à une fasse fuselée d'or et de sable ».

JEAN LAGRASSE, marchand à Narbonne.
« De sable à une fasse fuselée d'argent et d'azur ».

LA COMMUNAUTÉ des habitans du lieu de Ginestas.
« De sable à une fasse fuselée d'argent et de gueules ».

LE COLLÉGE des Pères de la Doctrine crestienne, de Narbonne.
« De sable à une fasse fuselée d'argent et de sinople ».

LA COMMUNAUTÉ des habitans du lieu de St-Nazaire.
« De sable à une fasse fuselée d'argent et de sable ».

La Communauté des habitans du lieu de Darmissan.
 « D'hermines à une fasse fuselée d'or et d'azur ».

La Communauté des habitans du lieu de Ste-Valière.
 « D'hermines à une fasse fuselée d'or et de gueules ».

Jacques GUILBAUD, marchand commissaire à Narbonne.
 « D'hermines à une fasse fuselée d'or et de sinople ».

N... DOUMERGUE, prestre, recteur de la parroisse de Felines.
 « D'hermines à une fasse fuselée d'or et de sable ».

Pierre BARBAZA, prestre et recteur de la paroisse de Redorte.
 « D'hermines à une fasse fuselée d'argent et d'azur ».

La Communauté des habitans du lieu de Maisons.
 « D'hermines à une fasse fuselée d'argent et de gueules ».

La Communauté des habitans de Lac et Villefalse.
 « D'hermines à une fasse fuselée d'argent et de sinople ».

La Communauté des habitans du lieu de Gruissan.
 « D'hermines à une fasse fuselée d'argent et de sable ».

La Communauté des habitans du lieu de Monthoumet.
 « De vair à une fasse fuselée d'or et d'azur ».

La Communauté des habitans du lieu de Lanet.
 « De vair à une fasse fuselée d'or et de gueules ».

La Communauté des habitans du lieu de Quarante.
 « De vair à une fasse fuselée d'or et de sinople ».

La Communauté des habitans du lieu de Caunes.
 « De vair à une fasse fuselée d'or et de sable ».

La Communauté des habitans du lieu d'Argens.
 « De vair à une fasse fuselée d'argent et d'azur ».

La Communauté des habitans de Vedillan.
 « De vair à une fasse fuselée d'argent et de gueules ».

La Communauté des habitans du lieu de Puissirguier.
 « De vair à une fasse fuselée d'argent et de sinople ».

La Communauté des habitans du lieu de Fittou.
 « De vair à une fasse fuselée d'argent et de sable ».

N... ARMENGAUD, curé de la paroisse de Lespinassière.
 « D'or à un pal fuselé d'or et d'azur ».

La Communauté des habitans du lieu de La Roque de Fa.
 « D'or à un pal fuselé d'or et de gueules ».

LA COMMUNAUTÉ des habitans du lieu de Touilhas.

« D'or à un pal fuselé d'or et de sinople ».

LA COMMUNAUTÉ des habitans du lieu de Rayssac.

« D'or à un pal fuselé d'or et de sable ».

LA COMMUNAUTÉ des habitans du lieu de Ferral.

« D'or à un pal fuselé d'argent et d'azur ».

LA COMMUNAUTÉ des habitans du lieu de Cuxac.

« D'or à un pal fuselé d'argent et de sinople ».

LA COMMUNAUTÉ des habitans du lieu de Saint-Laurens.

« D'or à un pal fuselé d'argent et de gueules ».

LA COMMUNAUTÉ des habitans du lieu de Paraza.

« D'or à un pal fuselé d'argent et de sable ».

LA COMMUNAUTÉ des habitans du lieu de Termes.

« D'argent à un pal fuselé d'or et d'azur ».

LA COMMUNAUTÉ des habitans de Villedaignes.

« D'or à un pal fuselé d'or et de gueules ».

LA COMMUNAUTÉ des habitans du lieu de La Redonde.

« D'argent à un pal fuselé d'or et de sinople ».

LA COMMUNAUTÉ des habitans du lieu de Coustouge.

« D'argent à un pal fuselé d'or et de sable ».

LA COMMUNAUTÉ des habitans du lieu de Villerouge.

« D'argent à un pal fuselé d'argent et d'azur ».

LA COMMUNAUTÉ des habitans du lieu de Conilhac.

« D'argent à un pal fuselé d'argent et de gueules ».

LA COMMUNAUTÉ des habitans du lieu de Capestang.

« D'argent à un pal fuselé d'argent et de sinople ».

LA COMMUNAUTÉ des habitans du lieu de Moussan.

« D'argent à un pal fuselé d'argent et de sable ».

LA COMMUNAUTÉ des habitans du lieu de Roquefort.

« D'azur à un pal fuselé d'or et d'azur ».

LA COMMUNAUTÉ des habitans du lieu de Mirepeysset.

« D'azur à un pal fuselé d'or et de gueules ».

LA COMMUNAUTÉ des habitans du lieu de Padern.

« D'azur à un pal fuselé d'or et de sinople ».

LA COMMUNAUTÉ des habitans du lieu de Cascastel.

« D'azur à un pal fuselé d'or et de sable ».

La Communauté des habitans de Moux.

« D'azur à un pal fuselé d'argent et d'azur ».

La Communauté de habitans du lieu de Roubia.

« D'azur à un pal fuselé d'argent et de gueules ».

La Communauté des habitans du lieu d'Argelliès.

! D'azur à un pal fuselé d'argent et de sinople ».

La Communauté des habitans du lieu de Termes.

« D'azur à un pal fuselé d'argent et de sable ».

Julien ARAGON , notaire royal à Caunes.

« De gueules à un pal fuselé d'or et d'azur ».

La Communauté des habitants du lieu de La Palme.

« De gueules à un pal fuselé d'or et de gueules ».

La Communauté des habitans du lieu de St-Pierre des Champs.

« De gueules à un pal fuselé d'or et de sinople ».

La Communauté des habitans du lieu de Dauejan.

« De gueules à un pal fuselé d'or et de sable ».

La Communauté des habitans du lieu de Vignevieille et Durfort.

« De gueules à un pal fuselé d'argent et d'azur ».

La Communauté des habitans du lieu de Neuiah.

« De gueules à un pal fuselé d'argent et de gueules ».

La Communauté des habitans du lieu de Marcourignan.

« De gueules à un pal fuselé d'argent et de sinople ».

La Communauté des habitans du lieu de Monteils.

« De gueules à un chef fuselé d'argent et de sable »

La Communauté des habitans du lieu de Castelmaure et Embres.

« De sinople à un pal fuselé d'or et d'azur ».

La Communauté des habitans du lieu de Saint-Marcel.

« De sinople à un pal fuselé d'or et de gueules ».

La Communauté des habitans du lieu de Tourrouzelles.

« De sinople à un pal fuselé d'or et de sinople ».

La Communauté des habitans du lieu de Cauet.

« De sinople à un pal fuselé d'or et de sable ».

La Communauté des habitans du lieu de Bizanet.

« De sinople à un pal fuselé d'argent et d'azur ».

La Communauté des habitans du lieu de Lauran.

« De sinople à un pal fuselé d'argent et de gueules.

LA COMMUNAUTÉ des habitans du lieu de Castelnau-d'Aude.

« De sinople à un pal fuselé d'argent et de sinople ».

LA COMMUNAUTÉ des habitans du lieu de Peyriac de Minerbois.

« De sinople à un pal fuselé d'argent et de sable ».

LA COMMUNAUTÉ des habitans du lieu de Peyriac de Mer.

• De sable à un pal fuselé d'or et d'azur ».

LA COMMUNAUTÉ des habitans du lieu de Luc de Caunes.

« De sable à un pal fuselé d'or et de gueules ».

LA COMMUNAUTÉ des habitans du lieu de Perignan.

• De sable à un pal fuselé d'or et de sinople ».

LA COMMUNAUTÉ des habitans du lieu de Pepieux.

• De sable à un pal fuselé d'or et de sable ».

LA COMMUNAUTÉ des habitans du lieu de Rieux.

• De sable à un pal fuselé d'argent et d'azur ».

LA COMMUNAUTÉ des habitans du lieu de Durban.

• De sable à un pal fuselé d'argent et de gueules ».

LA COMMUNAUTÉ des habitans du lieu de Bouttenac.

• De sable à un pal fuselé d'argent et de sinople ».

LA COMMUNAUTÉ des habitans du lieu de Palayrac.

« De sable à un pal fuselé d'argent et de sable ».

LA COMMUNAUTÉ des habitans du lieu de Pouzols.

• D'hermines à un pal fuselé d'or et d'azur ».

LA COMMUNAUTÉ des habitans du lieu de Bouisse.

« D'hermines à un pal fuselé d'or et de gueules ».

FRANÇOIS MOREL, prestre et chan.ne de St-Sébastien de Narbonne.

• D'hermines à un pal fuselé d'or et de sinople ».

BERNARD DE POMPADOUR, s.r de Fontanilhes.

• D'hermines à un pal fuselé d'or et de sable ».

N... DE POMPADOUR, sieur de Laual.

• D'hermines à un pal fuselé d'argent et d'azur ».

JEAN TAILLADE, prestre et recteur de la paroisse de Perignan.

« D'hermines à un pal fuselé d'argent et de gueules ».

RAYMOND MARTIN, prestre et recteur de la paroisse de Marcourignan.

• D'hermines à un pal fuselé d'argent et de sinople ».

Pierre VIGUIER, prestre et curé de la paroisse de Caumont.
« D'hermines à un pal fuselé d'argent et de sable ».

N... ALIBERT, prestre et curé de la paroisse de Lézignan.
« De vair à un pal fuselé d'or et d'azur ».

Barthelemy HENRICY, curé de la paroisse de Roquecourbe.
« De vair à un pal fuselé d'or et de gueules ».

Le Couuent des Religieux de l'abbaye du lieu de Caunes.
« De vair à un pal fuselé d'or et de sinople ».

Barthelemy PRADAL, prestre et curé de Argens.
« De vair à un pal fuselé d'or et de sable ».

Michel VIGNER, prestre, chanoine du Chapitre St-Just, ancien archidiacre de Razés.
« D'argent à un sep de vigne de sinople posé sur une terrasse de même ».

Gabriel LOYS, prestre, chan.ne de l'église St-Paul, de Narbonne.
« D'azur à un lis de jardin d'argent tigé et feuillé de même, et un chef aussi d'argent chargé d'une étoile d'azur acostée de deux roses de gueules ».

Jean VILARS, prestre, recteur de la paroisse d'Escalles.
« De gueules à une ville d'argent dont la porte est dans une tour crenelée de trois pièces, à laquelle aboutit son pont-levis de même, et trois cloches éleuées en flèche le tout d'argent, sur laquelle tombent quatre bombes d'or allumées de gueules ».

Bernard GILLABERT, bourgeois de la ville de Narbonne.
« De gueules à un bras d'argent mouuant du flanc, senestré d'une nuée de même, et tenant un lis de jardin aussi d'argent tigé et feuillé de même, et un chef d'azur chargé de trois étoiles d'or ».

Joseph BERTELIER, prêtre et chanoine de St-Just, de Narbonne.
« De gueules à deux gerbes d'or liées et passées en sautoir, coupé d'argent à une teste de lyon de gueules, l'écu party d'azur à quatre fasses d'or »

Valentin BARRÈS, prestre docteur, de Caunes.
Porte : « D'argent à trois pals de gueules, écartelé d'argent, à un loup ravissant de sable ».

François BALISTE, avocat en Parlement et citoyen de Narbonne.
« De gueules à un arc d'or posé en fasse, encoché d'une flèche de même, seurée et empennée d'argent, à un chef cousu d'azur chargé de trois étoiles d'or ».

Résumé du Bureau de Narbonne..

Nombre de personnes....................	237 articles.
Abbayes ; Chapitres ; Communautés ; Communes ; Corporations ; Villes..............	102 articles.
Total.............	339 articles.

TABLE ALPHABÉTIQUE

PERSONNES.

N

O

S

CORPORATIONS , VILLES, etc.